Ulrich B. L. Czelinski · Meine ges(t)ammelten Werke

ULRICH B. L. CZELINSKI

Meine ges(t)ammelten Werke

EDITION FREIBERG

Printed in Germany • September 2017

Foto der Titelseite: privat
Computersatz/Layout: Annett Warg • Dresden
Druck und Binden: SOWA Druck

ISBN: 978-3-943377-70-5

Ein persönliches Wort am Anfang

Durch eine tückische Krankheit
kann ich mich nur noch im
Rollstuhl fortbewegen.

Da auch mein Sprechvermögen beeinträchtigt ist,
versuche ich,
meine Ideen und Gedanken
mit dem Schreiben wiederzugeben
und auf diesem Wege zu kommunizieren.

Warnung

In den nun folgenden Gedichten
versuche ich mit viel Geschick,
nicht zu tadeln noch zu richten,
doch aufzuzeigen manchen Tick.

Von transsilvanischen Vampiren,
bis hin zu einem Arztbesuch,
die nach dem Blut des Nächsten gieren,
steht alles hier in diesem Buch.

Besinnliches ziert auch die Seiten
und auch die Wunder der Natur,
Gebete, die den Glauben leiten,
sogar noch etwas in Kultur.

Wer sich hier angesprochen fühlt,
dem sei gesagt: Es nur so scheint!
Sei er auch noch so unterkühlt:
Er ist auf keinen Fall gemeint.

Mann
und Frau

Platonisch

Oh, allerschönste, liebste Frau,
ich kann von dir nur immer schwärmen,
wenn ich dir in die Augen schau,
dann will dein Feuer mich erwärmen.

Dein Anblick ist kaum zu ertragen
und trägst du auch noch einen Rock,
tausend Mal will ich es sagen,
es versetzt mir einen Schock.

Deine Augen tief und grün
und dein wunderbarer Mund
lassen mich vor Sehnsucht glüh'n,
bis auf meines Herzens Grund.

Nur leider kennst du mich noch nicht,
ich bete dich von Ferne an,
vor mir ist ständig dein Gesicht
und das von deinem Ehemann.

Einkaufsbummel

Der Unterschied von Mann zu Frau,
ist scheinbar oft nur sehr gering,
doch stiehlt die Frau dem Mann die Schau,
wenn es um ihre Kleidung ging.

Am Anfang war doch Eva nackt,
auch gab es keine Modenschau,
zur holden Weiblichkeit kompakt,
gehört die angezogene Frau.

Denn Frauen sind prädestiniert,
sich oft am Tage umzuziehen,
auch keine Frau sich jemals ziert,
ist mal das Kleidungsstück geliehen.

So wundert auch der Anblick nicht,
wenn Frauen öfter bummeln gehen,
sie sehen es als eine Pflicht,
auch wenn die Männer abseits stehen.

Die Einkaufswut meldet sich an,
wollt ihr mal ausgehen oder essen,
hat sie im Kopf schon einen Plan,
und das Ausgehen ganz vergessen.

In aller Frühe und nicht spät,
wie immer, wenn das Neue lockt,
will sie spenden an die Parität,
das Kleid, den Mantel und den Rock.

Die gute Tat bewirkt erneut,
es fehlt etwas im Kleiderschrank,
was alle Frauen doch sehr freut,
denn Neues kaufen wird zum Zwang.

Wenn Kleiderschränke offen stehen,
davor ganz ratlos eine Frau,
und ihre Augen hilflos flehen,
ist Einkaufszeit, weiß Mann genau.

Da hilft kein Sträuben oder Hoffen,
gib freiwillig das Scheckbuch raus,
ein jeder Mann ist mal betroffen,
stellt man sich bockig, ist es aus.

Migräne hindert sie nicht mehr,
im Laufschritt will sie sich was kaufen,
doch planlos läuft sie hin und her,
man könnte sich die Haare raufen.

Wie Bienen in der Sommerzeit,
schwirrt sie von Laden zu Boutique,
probiert es an, zu kurz, zu weit,
nichts passte ihr und nichts ist chic.

Und endlich aber sehr geschafft,
hat sie nun schließlich was gefunden,
ein kleines Schwarzes mit viel Taft,
doch ihre Füße sind zerschunden.

Für eine ziemlich kurze Zeit,
ist diese Schlacht nun zu Ende.

Sieglinde

Ich war verliebt und voll Ideen,
nur so kann ich mein Tun verstehen.

Einst schnitzte ich in eine Linde,
unsre Namen in die Rinde,
darunter dann ganz ohne Scherz,
einen Pfeil, der dringt durchs Herz.

Damit auf ewig unsre Liebe
in diesem Baum erhalten bliebe.
So hab ich es mir vorgestellt,
doch wurde dieser Baum gefällt.

Er kam als Brennholz in mein Haus,
doch unsre Liebe, die war aus,
bevor ich dann das Holz verbrannte,
ich die Namen noch erkannte.

Ich mag Sieglinde noch sehr gerne,
doch sie zog aus und in die Ferne.
So blies ich Trübsal – war ihr gram,
doch mein Zimmer, das war warm.

Im Rauch ging auf der Lindenbaum
und auch Sieglindes Liebestraum.

Leidenschaft

Ich hatte ihn sofort erblickt
und mich sogleich in ihn verschossen,
doch tarnte ich dies sehr geschickt
und hielt die Augen halb geschlossen.

Dann endlich gab es Damenwahl,
ich rannte los, um ihn zu fragen,
quer durch den großen Saal,
um diesen Tanz mit ihm zu wagen.

Kein Wort kam über meine Lippen,
ich starrte ihn nur sprachlos an,
mein Herz pocht dröhnend an die Rippen,
ob er das Schlagen hören kann?

Doch er steht auf – ganz ungezwungen
und nimmt sich einfach meinen Arm,
er hält beim Tanzen mich umschlungen
und mir wird es entsetzlich warm.

Ich schmelze hin voll Leidenschaft
und lass mich gern von ihm berühren,
sein starker Arm ist voller Kraft,
ich kann die Nähe qualvoll spüren.

Ganz plötzlich ist der Tanz vorbei,
nach vielen endlosen Sekunden,
sein Arm gibt mich auf einmal frei,
und er selbst ist auch verschwunden!

Hausputz

Oft freitags, jede Woche neu,
wird die Wohnung aufgehellt,
da sind sich all Frauen treu,
bis alles auf den Kopf gestellt.

An diesem Tag ergreif die Flucht,
du bist im Weg, geh lieber raus,
der Hausputz ist wie eine Sucht,
denn unter Wasser steht dein Haus.

Das Heim, gemütlich wie es war,
ist eisig kalt und triefend nass,
drum sei stets klug und mach dich rar,
denn zu Haus vergeht der Spass.

Nichts steht an seinem alten Platz,
und Fenster, Türen aufgerissen,
stets mittendrin dein lieber Schatz
wird dich für Stunden nicht vermissen.

Kommst du dann irgendwann zurück
mit einem großen Blumenstrauß,
fehlt deiner Frau nichts mehr zum Glück,
vor Sauberkeit erstrahlt das Haus.

Nimm diesen Tag stets mit Humor,
hab auch Verständnis für dein Weib,
auch wenn es furchtbar riecht nach Chlor,
es ist für sie kein Zeitvertreib.

Frisch geschieden

Er macht mal dieses und mal das,
doch nie ist er zufrieden,
denn nichts, was er so tut, macht Spaß,
seitdem er kürzlich frisch geschieden.

Seitdem verkroch er sich im Haus
und fristete bewusst sein Leben,
auch seine Freunde blieben aus,
er war total daneben.

Er war jetzt einsam und allein
und sein Leben öd und leer,
er lachte laut, doch nur zum Schein,
denn niemand hörte ihn jetzt mehr.

Und eines Tages las man dann,
dass er nun verstorben sei,
doch niemand sich erinnern kann.
Der Tod ist vielen einerlei.

Traumhafte Begegnung

Von Ferne spürte ich den Blick,
er lächelte, hob leicht die Hand,
in meinem Kopf gab es den Klick
und raubt' mir gänzlich den Verstand.

Dann kam er langsam auf mich zu,
ich gab mich lässig und sehr kühl,
sein Blick gab mir doch keine Ruh',
ich kämpfte gegen mein Gefühl.

Dann steht er vor mir körpernah,
ich möchte, dass er mich berührt,
als es dann endlich auch geschah,
hat mich ein Schlag elektrisiert.

In einen Abgrund möcht' ich sinken,
und sein Blick lässt mich nicht los,
ich droh' erbärmlich zu ertrinken,
in meiner Kehle steckt ein Kloß.

Sein Mund bewegt sich und er spricht,
doch ich versteh ihn kaum,
dann plötzlich platzt ein rotes Licht
und leider auch mein schöner Traum.

Verloren

ist die große Liebe
und verloren
auch der Mann
verraten
meine stille Sehnsucht
verraten
auch der Lebensplan
vergessen
weil mein Herz noch ringt
vergessen
denn es tut noch weh
vergangen
denn ich bin am Leben
vergangen
weil ich Hoffnung seh'
vergeben
auch des andern Schuld
vergeben
was man selbst vermisst
vertrauen
auf ein neues Sein
vertrauen
dass es Liebe ist.

Das ewig Weibliche

Wenn es kneift an manchen Stellen,
weil kleine Polster daraus quellen
und auch nicht helfen die Diäten,
geschweige denn ein sanftes Kneten,
dann deine Frau auf einmal flennt,
mein Kleid passt nicht, ist nicht im Trend,
so kann ich nicht mehr weiter laufen,
ich muss mir unbedingt was kaufen.

Maskulin

Weil stets die Mädchen nach ihm schielen,
lässt der Mann die Muskeln spielen
und fühlt sich so als toller Hecht,
doch ist die Frau das stärkere Geschlecht.

Vater sein ...

So mancher Vater hat es schwer
und das kommt nicht von ungefähr.
Wenn einer Frau und Töchter hat,
dann läuft nicht immer alles glatt.

Das Telefon ist niemals still
und wenn er etwas sagen will,
bleibt für ihn nur wenig Zeit,
denn dafür ist man nicht bereit.

Doch wenn er nicht zu Hause ist,
wird er sofort total vermisst,
denn ohne ihn geht es nicht weiter,
sie brauchen ihn als Blitzableiter.

Vater sein ist gar nicht leicht
und wenn er Taschengeld dir streicht,
dann ist er böse und gemein
und du schließt dich ins Zimmer ein.

Als Vater liebt man seine Frauen,
und würde sich um sie stets hauen,
wenn jemand sie ins Unrecht stellt,
denn für ihn sind sie die Welt.

Meine Frau und der Garten

Wenn erste Frühlingsboten blühen,
betörend ihren Duft versprühen
und Vögel trällern ihre Lieder,
putzen schön ihr bunt' Gefieder,
dann stürzt mein Weib in unsern Garten,
sie konnte es kaum noch erwarten,
da der Frühling Einzug hält
und sie gerne früh bestellt.

Bepackt mit allerlei Geräten,
zum Graben, Hacken oder Jäten,
fängt sie sofort an mit dem Schuften,
sodass die Käfer schnell verduften.
Beschneidet Sträucher Ast für Ast
und bindet Zweige an mit Bast,
sie gräbt und düngt ihr Blumenbeet
und endlich wird noch ausgesät.

So werkelt sie bis in die Nacht,
weil ihr die Arbeit Freude macht.
Sogar der Rasen wird gemäht
und alles was im Wege steht.
Sie pflegt die Bänke, dekoriert
und neue Plätze ausprobiert,
ein morscher Baum wird abgesägt,
dann zum Schluss wird noch gefegt.

Krawattenmuffel

Was oft des Mannes Kehlkopf ziert,
ist mal gestreift, geblümt, kariert,
und nur mit großem Unbehagen
wird dieses Stück dann auch getragen.

Manchmal fällt das Atmen schwer,
man zieht hoch, dann hin und her,
als Fliege, Binder und mit Knoten,
dies Kleidungsstück gehört verboten.

Familienidylle

Ich war gerade im Begriff die Kaffeemaschine anzuschmeißen, als es plötzlich zaghaft an meine Bürotür klopfte. Obwohl ich mir sehnlichst einen Kunden herbeiwünschte, denn meine Barschaft ging zu Ende, blieb ich dennoch ruhig und gelassen.

„Nur immer hereinspaziert", rief ich, ohne mich bei meiner Beschäftigung stören zu lassen. Aus den Augenwinkeln sah ich ein mickeriges kleines Männchen, das vorsichtig mein bescheidenes Büro betrat und sich suchend umsah.

„Moment, ich bin gleich bei Ihnen. Nehmen sie irgendwo Platz!", brüllte ich gegen den Lärm an, den meine Maschine jetzt veranstaltete. Sie war alt und wollte schon seit einiger Zeit ihren Geist aufgeben. Doch das Geld für eine neue fehlte mir.

Ich schätzte meinen Besucher auf mindestens Siebzig. Sein zerknittertes Gesicht, das wie ein frischgepflügter Acker aussah, mochte auch schon ein paar Jährchen älter sein. Er stand noch immer in der Gegend herum, als ich näher kam und ihn betrachtete. Aber seine Kledage war top und hatte bestimmt eine Stange Geld gekostet. Schnieke der Kleine.

Großspurig zeigte ich auf mein vergilbtes Sofa und meinte:

„Machen Sie es sich gemütlich! Was kann ich für Sie tun?"

„Sind Sie der Privatdetektiv Knut Petersen?"

„Sie sagen es!"

Die Kaffeemaschine lag in ihren letzten Zügen, sie röchelte und pfiff, als wollte sie gleich explodieren.

„Wollen Sie auch einen?", fragte ich das Männchen und hielt den Kaffeebecher in die Höhe. Doch der Knirps schüttelte nur sein müdes Haupt und zerrte nervös an seinen Fingern. Ein lautes Knacken zeigte mir, dass auch seine Hände schon bessere Zeiten gesehen hatten.

Auch gut. Ich goss meinen Becher randvoll, ließ mich in meinen Sessel ihm gegenüber fallen und sagte: „Dann schießen Sie mal los!"

„Schießen ist gut", gluckste er. Sein ausgeprägter Adamsapfel vollführte dabei wahre Luftsprünge. Doch er beruhigte sich schnell und meinte etwas kurzatmig. „Ja, ich weiß nicht, wo ich anfangen soll."

„Warum nicht am Anfang", scherzte ich. „Nur immer heraus damit. Aus diesem Grund sind sie ja hier oder?"

„Ich bin seit zwei Jahren verheiratet. Zum dritten Mal", fügte er hastig hinzu und sah mich neugierig an. Als ich jedoch keinerlei Reaktion zeigte, fuhr er mit seiner Ehegeschichte fort.

„Meine Frau ist fast dreißig Jahre jünger als ich. Und gerade das ist mein Problem. Ich glaube, sie betrügt mich", wimmerte er nun fast.

Na und, dachte ich. Das kommt in den besten Familien vor.

„Was hatten Sie sich denn so gedacht, was ich tun soll?"

„Können Sie meine Frau überwachen? Ich muss Gewissheit haben."

Ich kannte diese Art der Überwachung zur Genüge. Man läuft sich die Füße wund und bekommt dafür nur ein paar Piepen. Aber bevor ich überhaupt etwas erwidern konnte, kramte er aus seinem Jackett ein Passfoto hervor und schob es zu mir rüber.

„Das ist sie", wisperte er.

Ich griff mir das Foto und vertiefte mich in ihr Gesicht. Sie war eine Schönheit. Lange, schwarze Haare, umrahmten ein ebenmäßiges Gesicht. Egal! Da, ich im Augenblick etwas knapp bei Kasse war, beschloss ich, den Auftrag anzunehmen. Ich ließ mir von ihm noch einige Daten über seine Frau und ihre Angewohnheiten geben und bugsierte ihn zur Tür.

„Ich rufe an, wenn ich Näheres weiß", verabschiedete ich meinen Klienten.

Danach stürzte ich den Rest Kaffee hinunter und verließ mein Büro. In einer nahen Kneipe aß ich einen Happen und machte mich auf die Socken zur Hütte meines Auftraggebers.

Apropos Hütte: Etwas Ähnliches hatte ich bisher nur im Film gesehen. Die Villa von diesem Knilch mochte gut und gerne 300 Quadratmeter Wohnfläche haben. Türmchen hier und Türmchen da und alles mit einer hohen Mauer umgeben. Wahrscheinlich gab es überall eine Alarmanlage.

Ich postierte mich in ausreichender Entfernung dieses Nobelschuppens und harrte der Dinge, die da kommen sollten. Nach ungefähr einer Stunde bequemte sich endlich die Gnädigste ihr Haus zu verlassen. Sie war eine Wucht! Auch von hinten konnte sie sich sehen lassen.
Sie stolzierte zur Garage. Was sage ich? Sie schwebte! Dann kletterte sie gekonnt in einen roten Mini. Mit quietschenden Reifen schoss ihr Gefährt von der Auffahrt und preschte in Richtung Innenstadt. Sie besuchte einige Modeschuppen, trank in einem Café einen Espresso und fuhr wieder heim. Ich wartete noch etwas, aber sie blieb in ihrer Bleibe. Ich hatte auch genug und fuhr ins Büro.
Da mir mein Auftraggeber gesagt hatte, dass seine Holde nicht vor elf Uhr ihren Schönheitsschlaf beenden würde, fuhr ich in meine Wohnung und machte mich etwas frisch. Gegen halb elf am anderen Tag bezog ich wieder Posten vor ihrem Schuppen.
Endlich erschien sie. Wie am ersten Tag kletterte sie auch heute in ihren Mini und fuhr los. Aber anstatt in die Stadt zu fahren, nahm sie die entgegengesetzte Richtung.
Nanu, diesmal keine Einkaufstour? Ich folgte ihr in genügender Entfernung.
Dann plötzlich, kurz vor dem Ortsschild von Geesthacht, leuchteten ihre Bremslichter auf. Ich sah gerade noch, wie sie in eine Nebenstraße einbog. Langsam näherte ich mich und konnte endlich die Straße einsehen. Ihr Mini hielt gerade vor einer Kneipe.
Wollte sie vielleicht einen Kaffee trinken?
Da sie mich ja nicht kannte, fuhr ich auch vor die Gastwirtschaft. In vergilbter, abgeblätterter Schrift konnte man noch das Wort „Hotel“ entziffern. Sogar die Fassade bröckelte schon an verschiedenen Stellen. Bevor ich mich aber entschloss ins Innere dieser Bruchbude zu gehen, umrundete ich erst einmal den Bau.
Sieh mal einer an, parkte da nicht ein schwarzer Nobelschlitten mit Hamburger Kennzeichen? Ich hatte es geahnt! Hier traf sie sich also mit ihrem Galan. Mit meiner Digitalkamera schoss ich einige Fotos von dem Wagen, stiefelte zurück und betrat die Kneipe. Gähnende Leere und stockdunkel!

Nanu! War nicht vor einigen Minuten meine Schöne darin verschwunden? Angestrengt versuchte ich, etwas zu erkennen. Nur langsam gewöhnten sich meine Augen an die trübe Beleuchtung. Hier war sie jedenfalls nicht. Sie musste irgendwo da hinten verschwunden sein. Da niemand von meiner Person Kenntnis zu nehmen schien, rief ich in die Dunkelheit:
„Hallo, Kundschaft!"
Das wirkte. Aus dem Zwielicht antwortete eine Stimme:
„Komm' gleich!"
Plötzlich wurde es etwas heller und ich konnte einiges von dem Innenleben der Kaschemme erkennen. Nicht sehr erbaulich! Dunkelrote, abgewetzte Plüschsofas und billige Kunstdrucke an den schmuddeligen Wänden.
„Sie wünschen?" Ich zuckte zusammen und fuhr herum. Ein ellenlanger, spindeldürrer Kerl stand vor mir. Ich schätzte ihn auf mindestens zwei Meter.
„Ein Kännchen Kaffee und eine Kleinigkeit zu essen", hauchte ich beeindruckt. Doch im gleichen Augenblick wandte er sich einfach ab und verschwand ohne ein Wort zu sagen nach hinten.
Schon merkwürdig, oder? Ich blickte dem Langen ungläubig hinterher. Was ich sah, war nicht gerade dazu angetan, meine schlechte Stimmung zu verbessern. Sein zerknittertes Hemd hing ihm zu beiden Seiten aus der viel zu kurzen Hose. An seinen nackten Füßen klebten ausgelatschte Filzpantoffeln. Er sah einfach schmuddelig aus. Wenn mich der Hunger nicht zum Bleiben aufgefordert hätte, wäre ich schon längst abgehauen.
Ich schwang mich auf einen Barhocker und wartete. Endlich, es erschien mir wie eine Ewigkeit, tauchte der Lange wieder auf. Er jonglierte auf einem verdreckten Tablett meinen Kaffee. Bei mir angekommen, schob er mir alles mit Schwung zu, sodass die Hälfte vom Kaffee überschwappte. Ohne ein Wort der Entschuldigung brummte er nur: „Essen kommt gleich."
Dann, wandte er sich den schon glänzenden Zapfhähnen zu und begann, sie mit Inbrunst zu polieren.
„Herbert!", keifte plötzlich ein helles, grelles Organ.

Entsetzt drehte ich mich um und sah gerade noch, wie ein riesiger, schwabbeliger Arm einen Teller durch die Küchenöffnung schob. Der mit Herbert Betitelte holte den Teller und ließ ihn auf die Theke fallen. Dann leckte er sich seinen Daumen ab, der im Kartoffelsalat einen Abdruck hinterlassen hatte.
Mir war der Appetit endgültig vergangen. Als ich dann noch den Teller genauer in Augenschein nahm, wurde mir fast übel.
Ich hatte in diesem Schuppen zwar keinen Gaumenschmaus erwartet, aber was hier auf meinem Teller lag, war das Allerletzte! Den Kartoffelsalat musste das Monstrum von Ehefrau aus mindestens zwei Metern Entfernung auf den Teller geschmissen haben, denn überall klebte der Salat. Sogar unter dem Teller ein Rest. Ein verwelkter Zweig Petersilie war wohl als Gruß gedacht. Dazu gab es eine Bratwurst, die vor Fett nur so triefte.
Angewidert schob ich den Teller außer Reichweite und legte einen Zehner dazu. Dann dampfte ich grußlos ab.
Der Mini war immer noch da. Doch als ich es mir gerade in meinem Auto gemütlich gemacht hatte, erschien die Untreue.
Sie bestieg ihren Mini und dampfte ab. Ich ließ sie fahren. Mich interessierte mehr ihr Galan. Im nächsten Moment schoss sein Gefährt schon um die Ecke und fuhr in Richtung Hamburg davon. Ich hängte mich an seinen Auspuff.
Nanu, die Gegend kannte ich doch? Wohnte hier nicht auch mein Auftraggeber?
Kurze Zeit später hielt der Liebhaber der Schönen in einer Querstraße, unweit meines Mandanten und verschwand in einem Einfamilienhaus.
Ich stieg auch aus und schlenderte, einen leeren Zettel in der Hand, wie suchend umher.
Zufällig nahm ich Kurs auf den Pseudopalast. Als ich gerade den Namen auf dem Türschild lesen wollte, riss eine etwas dickliche, blasse Frau die Haustür auf und fragte: „Wollen Sie zu uns?"
Im nächsten Moment erschien auch der Knilch, den ich verfolgt hatte. Ich mimte einen auf erstaunt und stotterte: „Ich suche eine Familie."

Hier stockte ich und schaute auf den noch immer jungfräulichen Zettel. „Ach ja, eine Familie Schmitz!“
Der Hausherr fuhr mich grob an:
„Hier gibt es keinen Schmitz!“ Dann knallte er die Tür zu. Bevor ich zu meinem Wagen schlich, erhaschte ich noch den Namen. Das gibt es doch gar nicht. Der Knilch hieß doch tatsächlich wie mein Auftraggeber, nämlich Lehmann. War das ein Zufall?
Ich glaube nicht an solche Zufälle. Vielleicht ein Verwandter? Ich nahm mir vor, meinen Auftraggeber danach zu fragen. Anschließend fuhr ich ins Büro und fertigte den Bericht an. Danach druckte ich die Fotos über meinen PC aus.
Dann rief ich meinen Auftraggeber übers Handy an und vereinbarte noch heute einen Termin mit ihm.
„Ach übrigens, haben Sie in der Nähe noch Verwandte?“
„Ja, mein Sohn aus erster Ehe. Er wohnt ganz in der Nähe. Warum fragen Sie?“
„Später“, sagte ich und legte auf. Ach du Scheiße! Auch das noch. Ich machte mir Sorgen um den Alten. Würde er das verkraften?
Pünktlich stand er auf der Matte. Nachdem er es sich auf der Couch bequem gemacht hatte, schilderte ich meine Ermittlungen und reichte ihm die Unterlagen.
Plötzlich wurde er leichenblass. Seine schon etwas strapazierte Gestalt sackte noch mehr in sich zusammen und fing an zu zittern. Seine Hand zerknüllte das Foto. Dann straffte er sich und fragte: „Was bin ich Ihnen noch schuldig?“
Ich winkte ab.
„Was Sie mir gezahlt haben, reicht vollkommen aus.“
Trotzdem legte er mir noch zwei Hunderter auf den Tisch und meinte traurig: „Es ist mein eigener Sohn, der mich betrügt und belügt. Das Nummernschild.“
Dann stand er etwas wackelig auf und wandte sich zur Tür. Als mein Kleiner kaum draußen war, hörte ich plötzlich ein Wirrwarr wie von tausend Stimmen. Nanu, vielleicht ein Volksauflauf? Ich schaute aus dem Fenster und sah gerade noch, wie ein schwarzer Mercedes mit quietschenden Reifen davon sauste. Automatisch sah

ich nach dem Nummernschild. Es kam mir irgendwie bekannt vor. Dann rannte ich nach draußen. Im gleichen Moment ertönte in der Ferne das Geheul eines Krankenwagens, der, als ich draußen ankam, mit quietschenden Bremsen direkt vor meiner Nase zum Halten kam. Dann sah ich, wie man meinen Mandanten auf einer Trage abtransportierte.

Im letzten Moment erwischte ich noch den Notarzt und fragte ihn nach dem Krankenhaus. Als ich dort zwanzig Minuten später eintrudelte und mich nach ihm erkundigte, schüttelte die Schwester nur noch ihren wüsten Lockenkopf und setzte eine traurige Miene auf. Ich wusste Bescheid.

Im Büro zurück, wusste ich plötzlich, wem der schwarze Nobelschlitten gehörte. Ich rief die Polizei an und teilte ihnen meine bisherigen Recherchen und Beobachtungen mit.

Später erfuhr ich, dass sie den Sohn meines Klienten verhaftet hatten, und weil er sich bei seinem Alibi in Widersprüche verhedderte und auch nicht nachweisen konnte, wo er zum Tatzeitpunkt gewesen war, glaubte ihm der Richter alle seine Ausflüchte nicht und verdonnerte ihn zu lebenslanger Haft.

Seine Frau ließ sich scheiden und die nimmersatte Stiefmutter nahm sich einen anderen.

Im Wandel der Zeit

Vorbei

Vorbei sind deine Kinderjahre,
jetzt geht die Jugendzeit dahin,
schon werden schütter deine Haare,
war das des Lebens ganzer Sinn?

Vorbei sind viele deiner Träume,
Vergessenheit sie ganz umhüllt,
du starrst erstaunt in leere Räume,
denn vieles hat sich nicht erfüllt.

Verloren sind auch die Gedanken,
du kannst sie nicht mehr wieder holen,
denn Vergangenes hat Schranken
und eine Träne rinnt verstohlen.

Vorbei auch deine große Liebe,
die dich noch heute oft entzückt,
du hast gehofft, dass sie dir bliebe
und enttäuscht blickst du zurück.

Die meisten Jahre sind vorbei,
bei dir ist Ruhe eingekehrt,
von allen Zwängen bist du frei
und lebst nun endlich unbeschwert.

Zur Jahreswende

Das alte Jahr neigt sich dem Ende,
Vergangenes wird abgelegt,
lass ruhen deiner Arbeit Hände
und alles, was dich sonst bewegt.

Leg ab das Mühen und die Plagen
und deine große Traurigkeit,
beende Wehgeschrei und Klagen,
mach dich auf Neues so bereit.

Dann bleibt dir stets auch etwas Glück,
wird dich die Angst vergessen lassen
und schau im Zorn dann nicht zurück,
versuch die Hoffnung zu erfassen.

Das neue Jahr soll besser werden,
so keimt bei vielen der Gedanke,
es soll stets Frieden sein auf Erden
und weder Hungersnot noch Kranke.

Die Zeit

Die Zeit erfüllt nur ihren Zweck,
denn sie läuft dir meistens weg,
wenn es gelingt sie festzuhalten,
um sie dann sinnvoll zu gestalten.
Sie wurde deshalb eingeengt
und in eine Form gezwängt.

So hat man dann die Uhr erfunden,
mit Sekunden, Minuten, Stunden,
sie kann man so nicht mehr verlieren
und ist von dir zu kontrollieren.
Sie zeigt dir stets den ganzen Tag
was die Stund' geschlagen hat.

Selbst gekauft und als Geschenk
hängt sie oft am Handgelenk,
auch mit Kette, gold und rund,
baumelt sie am Hosenbund.
Im Zimmer steht sie auch mit Schlag,
wenn man es akustisch mag.

Obwohl die Zeit jetzt eingefangen,
muss du leider um sie bangen,
wenn sie allzu schnell zerrinnt,
dieses weiß doch jedes Kind.
Die Zeit verändre auch dein Leben,
weil du ihr stets treu ergeben.

Veränderlich

Strahlend blauer Himmel,
keine Wolke ist zu sehen,
die Sonne im Zenit,
bleibt glühend lange stehen.
Doch plötzlich ziehen Wolken
vor das helle Licht,
und ein leichter Wind
umspielt dann dein Gesicht.
Es fängt an zu regnen,
von ferne Donnergrollen,
Menschen laufen hastig,
sie schnell heimwärts wollen.
Doch der finstre Himmel
reißt sich wieder auf,
freundliche Gedanken,
zieh'n in Menschen auf.

Banalitäten & Kurioses

Zu heiß

Die Sonne brennt, es ist sehr schwül,
die Zunge klebt am Gaumen fest,
du trocknest aus, sagt dein Gefühl
und auch dein Deo dich verlässt.

Trotzdem muss dein Körper schwitzen,
du trinkst, um deinen Durst zu stillen,
der Schweiß fließt aus allen Ritzen
und endet in den größten Rillen.

Du schleppst dich mühsam in den Schatten,
dein Körper endlich Kühle fühlt,
liegst lang gestreckt auf deinen Matten,
jetzt bist du endlich abgekühlt.

Es brennt

Die Sonne brennt durch ihre Strahlen
und Liebe brennt in vielen Herzen,
es brennt das Leid oft unter Qualen
und Löschen geht nur unter Schmerzen.

Vom Pfefferspray die Augen brennen,
die Scheune brennt, des Bauern Stolz,
es brennen Muskeln stets vom Rennen
und im Kamin das Birkenholz.

Es brennt die Suppe in der Kehle
und Quallen brennen in der See,
es brennen Fragen auf der Seele
und Brennnesseln, die tun oft weh.

Den Mund man sich verbrennen kann,
ein Kerzenlicht das Dunkle hellt
und fängt man neue Kriege an,
dann brennt es in der ganzen Welt.

Dann brennt der Hass bis hin zum Mord,
es brennen Häuser, Menschen nieder
und mancher brennt nur auf ein Wort,
auf vielen Lippen brennen Lieder.

Gerüche

Ganz übel riechen oder stinken
macht einsam und du scheust die Massen,
da hilft kein Deo und kein Schminken,
man meidet dich und wirst verlassen.

Hier ist dann Waschen sehr vonnöten,
nicht nur dich selbst, auch deine Sachen,
geht erst der Schmutz ein wenig flöten,
dann kannst auch du bald wieder lachen.

Ob in der Dusche oder Wanne,
dann sei auch endlich einmal ehrlich,
mit Fichtennadeln oder Tanne,
auch Schrubben ist hier nicht entbehrlich.

Und ist die Prozedur vollbracht,
so folgt der nächste Schritt, ein zweiter,
denn ziehst du an die alte Pracht,
dann geht das Stinken kräftig weiter.

Drum wasche auch mal deine Socken,
bei dreißig Grad in der Maschine
mit Fleckentferner, Seifenflocken
hellt sich die Wäsche und die Miene.

So aufgehellt wird mancher denken:
Den kann man immer gerne riechen.
Du wirst die Blicke auf dich lenken
und brauchst dich nicht mehr zu verkriechen.

Am Morgen

Wenn morgens früh die Blase quillt,
weil sie schon gänzlich überfüllt
und dein Bauch vor Hunger poltert,
als würde er vom Darm gefoltert,
dann spute dich, kriech aus dem Bett,
das findet deine Frau mal nett,
denn sie hat schon genug geschuftet
und wenn der Kaffee dann noch duftet,
dann nimmst du teil am bunten Leben
und der Tag geht nicht daneben.

Kabelrollen

Es heiratet der Kabeljau
eine schöne Meerjungfrau,
im Wasser nun auch Kinder tollen,
als winzig kleine Kabelrollen.

Der Mund

Der Mund liegt meistens überm Kinn
und das aus einem guten Sinn,
denn Zähne haben hier den Grund
und das nennt man auch den Mund.

Mit ihm kannst du trinken, essen,
dann das Putzen nicht vergessen,
und mit der Zunge vieles lecken,
auch süss und Saures damit schmecken.

Du kannst auch blasen oder pusten
und bei Erkältung kräftig husten,
doch was die meisten Menschen wissen,
du kannst mit deinem Mund auch küssen.

Gemeinsamkeiten

Was der Mensch als störend findet
und ihn mit dem Baum verbindet,
sind im Grunde nur zwei Dinge,
das Älter werden und die Ringe.

Die trinkfeste Kirchenmaus

Irgendwo oben an der Nordseeküste befand sich das kleine idyllische Dorf Pellheim. Bis auf wenige Ausnahmen waren die 600 Einwohner überwiegend evangelisch. Die wenigen katholischen Mitbürger mussten zum Gottesdienst in die nächste Ortschaft.
Die kleine aber schmucke Kirche überragte mit ihrem mächtigen Glockenturm alle anderen Gebäude im Ort. Pellheim besaß zwar einen ehrenamtlichen Bürgermeister, aber die Geschicke der Gemeinde bestimmte der Pastor. Der Bürgermeister sprach sich deshalb auch notgedrungen mit seinem Pastor vorher ab, wenn irgendetwas anlag. So war es dann auch nicht weiter verwunderlich, dass auch der einzige Dorfkrug seine Pforten erst öffnete, wenn der Pastor nichts dagegen hatte. Es schien eine heile Welt in Pellheim zu herrschen. Ordnung ist das halbe Leben, pflegte der Pastor zu sagen. Fast alle richteten sich danach.
Alle vierzehn Tage im Monat, am Sonntag, feierte die Gemeinde das Heilige Abendmahl, in der schönen Kirche. Wie stets sorgte auch dieses Mal der alte Küster dafür, dass zum Abendmahl alles vorbereitet war. Küster Steffens hatte die 64 Jahre im letzten Monat überschritten und freute sich schon auf die Rente.
Etwas klapprig wirkte er schon, als er zitternd am Samstag die Kirchentür aufschloss. Dann wandte er sich zur Sakristei. Schon vor der Tür zog er schnuppernd seine Nase kraus. Er kannte den Geruch, denn ab und zu bediente er sich aus der Rotweinflasche, wenn die Rheumaschmerzen übermächtig wurden. Als er dann die Tür aufschloss, sah er sofort die Bescherung. Eine Flasche lag bäuchlings auf dem Tisch und die rote, klebrige Flüssigkeit bildete auf dem Boden eine riesige dunkle Lache.
„Verdammt“, rutschte es ihm vor Schreck heraus. Entsetzt blickte er sich sofort um. Aber es war niemand da. Er schaute dabei wie zufällig auf das Kruzifix. Seine Lippen formten so etwas wie eine Entschuldigung. Nicht, dass er besonders gläubig war, aber der jah-

relange Dienst in der Gemeinde hatte ihn zumindest Gott etwas näher gebracht. ER war ja sozusagen sein Arbeitgeber! Lange Zeit stand er da und überlegte angestrengt. Gott hatte ihn nicht gerade mit hervorragenden Geistesgaben ausgestattet. So brauchte er auch eine Weile, um zu rekonstruieren, was er vor 14 Tagen zurückgelassen hatte. Wie war das noch beim letzten Abendmahl? Jetzt fiel es ihm wieder ein. Die angebrochene Flasche hatte er, nicht ohne einen kräftigen Schluck davon zu nehmen, wieder verkorkt in der Sakristei auf den Tisch gestellt. Vielleicht war sie ja einfach umgekippt? Oder hatte jemand in seinem Revier gewildert? Egal!
Er wischte alles weg, bereitete die Kelche vor und schloss alle Türen besonders sorgfältig ab. Am nächsten Tag, dem Abendmahlssonntag, war er als Erster in der Kirche. Wie gewohnt zündete er die Altarkerzen an und ging in die Sakristei, um den Wein zu holen. Als er aber eine weitere Flasche aus dem Schrank holte, stutzte er plötzlich. Schnell zählte er alle Flaschen durch.
Doch auch beim dritten Zählen ergab es kein anderes Resultat.
„Also doch!", sagte er laut. Nachdenklich schloss er den Schrank und wartete ungeduldig auf seinen Pastor. Fast hätte Steffens schon von Weitem geschrien, als er Pastor Klein herannahen sah.
Er beherrschte sich gewaltsam und wartete, bis dieser die Kirche endlich betrat. Sobald der Küster in dessen Nähe war, zog er seinen Pastor am Arm in die Sakristei und legte sofort los: „Der Wein ...", stotterte er. „Wir werden bestohlen!" Wenn es um seinen geliebten Wein ging, identifizierte er sich automatisch mit seiner Kirche.
Er holte tief Luft und schilderte stockend, was er vorgefunden hatte. Pfarrer Klein war im Gegensatz zu seinem Nachnamen ein Riese, zwei Meter unbändige Kraft. Um diesen Eindruck noch zu verstärken, trug er einen wallenden Rauschebart. Die unter vorgehaltener Hand gemachten Witze über Figur und Namen nahm er mit Humor. Er kannte seine Pappenheimer, auch seinen Küster und dessen Gewohnheiten. Deshalb sagte er mit einem breiten Grinsen: „Das war wohl eine Kirchenmaus!"
„Meinen Sie?", fragte der Küster naiv. Doch dann, nach einiger Überlegung, wehrte er grinsend ab.

„Nee, nee, da fehlen auch zwei volle Flaschen. Sie wollen mich wohl auf den Arm nehmen!"
„Wir sprechen später darüber. Zählen sie lieber noch einmal nach", schloss Klein das Gespräch, denn die Orgel setzte bereits ein – die Schäfchen warteten.
Als der Gottesdienst vorüber war, hatte Pastor Klein den Vorfall schon wieder vergessen. In der neuen Woche, in der ein Termin den anderen jagte, beschäftigten ihn gewiss andere Dinge.
Die vielen Gespräche mit der vorgesetzten Dienststelle und anderen Honoratioren seiner Gemeinde nahmen viel Zeit in Anspruch. Ausserdem musste er am Montag und Dienstag zu zwei Geburtstagen.
Wie immer hatte seine Gemeindesekretärin Frau Palke zwei Geschenke geschmackvoll eingepackt und übergab sie ihm am Montagmorgen. Das erste Geburtstagskind wurde heute 80 Jahre alt. Klein wurde bereits erwartet. Er hielt eine kurze Rede, lobte Gott, dass die Jubilarin so ein hohes Alter erreicht hatte und überreichte das Präsent. Wie stets, musste er beim anschließenden Geburtstagsschmaus kräftig zugreifen. Anschließend wurde er der gesamten Verwandtschaft vorgestellt. Geschafft und mit Magenkneifen konnte er sich nach zwei Stunden endlich losreißen. Pastor Klein hatte am Abend noch eine Sitzung und musste sich vorbereiten.
Der nächste Tag wurde auch nicht einfacher. Die heutige Jubilarin war zwar erst 75 Jahre, hörte aber sehr schlecht. Pastor Klein musste deshalb seine Rede mehrmals wiederholen. Er brüllte ihr seine Gratulation ins Ohr, aß unter Protest zwei große Stücke Torte, überreichte seine christlichen Traktate und die eingepackte Flasche als Präsent. Dann verabschiedete er sich hastig, denn die Predigt für den kommenden Sonntag musste noch verfasst werden.
Am späten Nachmittag, als er gerade über seiner Predigt brütete, fiel ihm plötzlich das Gespräch mit seinem Küster wieder ein.
Er telefonierte mit dem Friedhofsamt und hoffte, ihn dort noch zu erreichen. Der Küster wollte gerade gehen.
Klein fragte ihn, ob nun tatsächlich die besagten Flaschen fehlten.
„Ja", brummte der Küster zurück. „Ich habe noch einmal gez...",

wollte er sagen, als ihn Klein unterbrach. „Ein andermal, ich muss Schluss machen." Er legte einfach auf und widmete sich wieder seiner Predigt.
Vielleicht, so gingen dem Pastor de Gedanken durch den Kopf, sollte ich vorsichtshalber der Gemeinde ins Gewissen reden, damit der oder die Weinsünder geläutert werden. Eine gute Idee, die er sofort in die Tat umsetzte und in seine Predigt einbaute.
Am Sonntagmorgen musste die Gemeinde trotz aller guten Vorsätze mit Glockengeläut in die Kirche gerufen werden. Wer diese mächtigen Glockenschläge nicht hörte, war entweder taub oder im Urlaub. Allmählich füllte sich die Kirche. Mit Genugtuung nahm Klein es zur Kenntnis, er konnte sich eben auf seine Schäfchen verlassen.
Die Kirche war wie immer gut besucht. Anfangs plätscherte der Gottesdienst so dahin. Immer die gleichen Lieder, das gleiche Ritual jeden Sonntag. Einige holten den abgebrochenen Schlaf der letzten Nacht nach und träumten mit offenen Augen. Das hatten sie jahrelang geübt. Andere betrachteten die Bilder an der Wand oder zählten die anwesenden Gemeindemitglieder und zerissen sich flüsternd die Mäuler über die Kledage gewisser Leute. So hing ein jeder seinen eigenen Gedanken nach.
Bis zu dem Zeitpunkt, als Pastor Kleins Stimme wie ein Orkan die Kirche füllte. Der dröhnende Bass hätte Tote erwecken können. Erschreckt riss so mancher die Augen auf oder fuhr entsetzt in die Höhe. Diese Predigt sollte allen unvergessen bleiben. Mehr noch, sie würde für Wochen Gesprächsthema Nummer eins im Dorf sein. Pastor Klein wetterte also gegen den Verfall von Moral und guten Sitten, machte Front gegen die Gottlosigkeit in Politik und Wirtschaft und drohte allen mit dem Gericht Gottes. Dann kam er auf die Zehn Gebote zu sprechen. Einige Gebote streifte er nur, aber als er das Gebot „Du sollst nicht stehlen" zitierte, wurde seine Stimme noch eindringlicher.
„Auch wenn in den Sprüchen, Kapitel 9 Vers 17 steht, dass die gestohlenen Wasser süß sind und natürlich gut schmecken", donnerte sein Bass, „so sagt doch Gottes Gebot: Du sollst nicht stehlen!"

Streng schaute Pastor Klein von einem zum anderen. Wer in diesem Augenblick die Gemeinde genau beobachtete, bemerkte bei einigen ein merkwürdiges Zucken der Gesichtsmuskeln. Doch bei den meisten senkte sich vorsichtshalber der Kopf. Auch der Küster und die Organistin waren zusammengezuckt. Pastor Klein bemerkte diese Reaktion und war zufrieden. Anscheinend hatte er in ein Wespennest gestochen. Schließlich, am Schluss seiner Predigt, versuchte er wieder Öl auf die Wunden zu gießen und sagte milde: „Warum fragt ihr nicht Gott? Er gibt allen reichlich. Denn die Worte unseres Herrn sagen auch: Bittet, so wird euch gegeben."
Er beendete seine Predigt mit einem donnernden Amen. Fast fluchtartig verließ die Gemeinde die Kirche. Draußen wurde diskutiert und gemutmaßt, ob mit des Pastors Andeutungen eine bestimmte Person gemeint gewesen sein könnte. Als der Letzte gegangen war und sich der Pastor gerade vom Küster verabschiedet hatte, hörten die beiden auf dem Orgelboden die Organistin rumoren. „Sagen sie der Organistin meinen Dank", meinte Klein. „Da oben dauert es wohl noch länger!"
Doch kaum war der Pastor gegangen, hatte auch die Organistin nichts mehr zu tun. Sie stolperte eilig die Treppe hinunter und meinte, bevor noch der Küster seinen Spruch anbringen konnte: „Ich habe alles gehört!" Und weg war sie.
Auch Almut Schneider, die langjährige Organistin hatte mit dem Alkohol zu kämpfen. Da ihre Notenbücher in der Sakristei lagerten, war sie natürlich der Versuchung immer wieder ausgesetzt. Bei den ständigen Schmerzen in den Beinen und der Gicht in den Fingern half manchmal nur eine gehörige Portion an Prozenten. Nur der Küster hatte sie einmal beim Naschen erwischt, ohne dass sie es bemerkt hatte. Wahrscheinlich hatte auch ihr die Predigt besonders hart zugesetzt.
Wer wohl die Flaschen aus dem Schrank stibitzt hatte? Nachdenklich schloss der Küster die Kirchentür ab und machte sich auf den Weg in den nahen Dorfkrug.
Pastor Klein hoffte, dass der Schuldige bald gefunden wurde. Am Montagmorgen war sein erster Gang ins Gemeindebüro. Seine

Sekretärin und er stimmten die kommenden Termine ab. Bei ihr liefen alle Fäden zusammen. Sie kannte fast alle mit Namen, wusste Familienhintergründe und konnte immer die aktuellsten Neuigkeiten aus dem Dorf berichten. Indes Pastor Klein einige Belege gegenzeichnete, wickelte Frau Palke eine Flasche Rotwein in Geschenkpapier.

Plötzlich war der Pastor hellwach! Seine ganze Aufmerksamkeit galt nun den geschickten Händen seiner Sekretärin. Sie bemerkte seine interessierten Blicke und wurde nervös. Er stierte weiter auf ihr Treiben und dachte angestrengt nach. Sollte vielleicht zwischen dem Wein in der Sakristei und dieser Flasche hier ein Zusammenhang bestehen?

„Woher haben Sie den Wein?“, platzte es aus ihm heraus. Erschreckt und völlig entgeistert blickte sie ihn an. „Ich verstehe ihre Frage nicht“, sagte sie etwas pikiert.

Er wiederholte seine Frage und fügte hinzu: „Und für wen ist das Geschenk?“

„Für einen Geburtstag, Herr Bohlke wird am Dienstag 85 Jahre alt. Da wir nichts mehr im Büro hatten, habe ich die Flasche aus der Sakristei geholt. Warum?“

Ein übermütiges Grinsen überzog Pastor Kleins Gesicht. Dann erzählte er von dem Verdacht und seiner eindringlichen Predigt.

Nun mussten beide herzhaft lachen. Pastor Klein leistete aus tiefstem Herzen seiner Gemeinde Abbitte und bat seinen Herrn um Vergebung.

Flüssigkeit

Du brauchst es täglich, will mir scheinen,
zum Trinken, Baden und zum Weinen,
dein Körper braucht den Wasserstand,
das ist ja allgemein bekannt.

Zum Baden, Duschen, Zähneputzen
kann man auch das Nass benutzen,
und gibt es nur immer Regen,
sei froh, es dient Allen nur zum Segen.

Das Haar

Bei der Geburt bist du sehr glatt,
wo der Mensch sonst Haare hat,
eine Zeit schmückt deinen Kopf
dann die Haarpracht – gar mit Zopf!
Doch schon bald – oh Schreck und Graus!
– fallen sie dir wieder aus.

Strafe muss sein

Wer hat gehört nicht die Geschichte
vom braven Knüppel aus dem Sack,
er schlug vor allem Bösewichte
und Diebe, sowie Lumpenpack.

Doch dabei kann man nicht verhehlen,
dass so mancher Prügel braucht,
doch wer soll dann dem Sack befehlen,
wen der Stock zusammenstaucht?

Wer zu Unrecht sich bereichert,
hat sich dann auch zuzuschreiben,
dass der Knüppel ihn erleichtert,
dann würd viel Unheil unterbleiben.

Auch wer hantiert mit einer Säge
am Stuhl des andern, bis er fällt,
da nützen dann nur noch die Schläge,
denn korrupt ist diese Welt.

Ich wünschte mir, dass es ihn gibt,
den Stock für manches Lumpenpack,
er wäre oftmals sehr beliebt,
der gute Knüppel aus dem Sack.

Schnöder Mammon

Weil es uns sprachlich so gefällt,
verändern wir das Wörtchen Geld
in Kohle, Schotter oder Kies,
weil es auch Masse uns verhieß.

In Zaster aus der Gaunerwelt
verwandelte der Strolch das Geld
und auch das Tier wird nicht verschont,
wenn du mit Mäusen wirst entlohnt.

Die Pflanzenwelt – genauer Moos,
wirst du bei deiner Bank nicht los,
weil Mammon so verrufen klingt,
glauben viele, dass Geld stinkt.

Auch willst du deine Frau verwöhnen,
kannst du Juwelier nicht löhnen,
weil Knete an den Fingern klebt,
auch wenn es deinen Wohlstand hebt.

Egal, wie immer Geld du nennst,
die Wirkung aber bestens kennst,
weil es dich am Leben hält,
das liebe Zahlungsmittel Geld.

Träge

In der prallen Mittagshitze,
lieg ich faul im Gras und schwitze,
mein ganzer Körper ist sehr heiß,
drum sehn ich mich nach einem Eis.

Doch zurzeit bin ich zu träge
und scheue alle weiten Wege,
drum kriech ich schnell zu meinem Gatten,
denn der liegt bereits im Schatten.

Hier schnurre ich wie eine Katze
auf der breiten Luftmatratze
und mein holder Ehemann
schafft Eis und auch Getränke ran.

Nur so kann ich den Tag verbringen
und es wird mir dann gelingen,
endlich einmal abzuschalten
und auch Mittagsschlaf zu halten.

Was alles so dichtet

Schon beim Baby fängt es an,
dass es irgendwann mal leckt,
hier stets die Windel dichten kann,
ehe man den See entdeckt.

Willst du den Partner nun betören
und zitierst aus deiner Dichtung,
vielleicht auch ewig Treue schwören,
bei einem Picknick auf der Lichtung.

Doch wehe, wenn du was verbrochen
und stehst auf einmal vor Gericht,
du hast dem Kumpel fest versprochen:
Ich sage nichts, ich halte dicht.

Bei deinem neu erbauten Haus
willst du auf Handwerker verzichten,
doch deine selbstverlegte Leitung
leckt und du kannst sie nicht abdichten.

Nun wagst du dich noch an die Scheiben
und setzt auch selbst die Fenster ein,
sie schließen nicht – so lass es bleiben,
denn du wirst nie ein Dichter sein.

Rabattsucht

Des Deutschen ganz besondere Note
sind nur die Sonderangebote,
denn auf den neuen Schnäppchenpreis
ist jeder ganz besonders heiß.

So fährt der Deutsche meilenweit
auch nur für eine Kleinigkeit,
um dann hinterher zu prahlen:
ich brauchte fast nichts zu bezahlen!

Doch hat er dabei ganz vergessen,
auch den Kraftstoff zu bemessen,
denn am Ende zahlt er mehr
und sein Portemonnaie ist leer.

Alles Atlas

In Karten wurde es gebunden,
danach sich man auch orientiert,
dann als Gewebe, die den Kunden
als Kleidungsstück den Körper ziert.
Es bei dir nicht existiert,
wahrscheinlich er den Kopf verliert.

Schon gewusst?

Wer von sich sagt, er sei der Beste,
er sei der Schönste weit und breit,
auch weiß wie Schnee sei seine Weste,
dem fehlt es an Bescheidenheit.

So gegen Acht

(Kurzkrimi)

Es ging um eine teure Fracht,
von einem Posten streng bewacht –
die Kirchturmuhr schlug grade Acht,
doch es war schon finstre Nacht.

Da schlich ein Mann behutsam sacht,
denn darauf war er sehr bedacht,
in einer schäbig dunklen Tracht,
die er sich selber ausgedacht.

Und plötzlich hat es dann gekracht,
jemand höhnisch, grausam lacht.
Der Posten wurde umgebracht
und weg war auch die teure Fracht.

Jägerlatein

„Ich saß frühmorgens auf der Lauer
und es war Nebel überall“,
so erzählte uns Heinz Sauer
erst neulich auf dem Jägerball.

„Doch plötzlich sah ich“, sagt er stolz
und blickte fröhlich in die Runde,
„trat etwas aus dem Unterholz:
des Försters Tochter, Kunigunde.

Ich hatte sie sofort erkannt,
sie war für mich unglaublich schön,
ich schaute auf sie wie gebannt,
doch sie blieb plötzlich ängstlich stehen.

Dann hörte ich ein lautes Knacken
und aus dem dichten nahen Wald
erschien ein dicht behaarter Nacken,
ich legte an, ein Schuss – es knallt!

Mein Schuss. der traf den Jägersmann
und Kunigunde weinte leise.
Man legte mich in Acht und Bann
und Kunigunde war jetzt Waise.“

Fern sehen

Du liegst faul in deinem Sessel
und schaltest deine Glotze ein,
du fühlst dich frei von jeder Fessel,
willst endlich mal du selber sein.

Beim Chatten durch die Flimmerkiste
wird dir ein Krimi angezeigt,
der Titel: Mord auf einer Piste
– du merkst, wie deine Spannung steigt.

Der Kommissar ist schlecht getrimmt
und müht sich ab, ganz ohne Glanz,
doch weißt du jetzt schon ganz bestimmt:
Der Mörder ist der Gärtner Franz.

Und schon nach ziemlich kurzer Zeit
lässt die Erregung merklich nach,
es macht sich Langeweile breit,
denn auch die Handlung ist sehr flach.

Enttäuscht schaltest du die Kiste aus
und nimmst stattdessen dir ein Buch,
doch plötzlich klingelt es am Haus
und es erscheint jetzt ein Besuch.

Dreideutig

Wer sein Auto unterstellt,
weil vom Himmel Hagel fällt
und wer es von Herzen liebt,
es in einen Schuppen schiebt.
Wenn es bei dir mal sachte nieselt
und von deiner Kopfhaut rieselt,
dann wird die Schulter weiß wie Schnee
und du hast Schuppen, wie ich seh'.
Wenn beim Fisch dieselben fehlen,
dann ist er krank und muss sich quälen,
bei ihm sind Schuppen lebenswichtig,
denn nur mit Schuppen schwimmt er tüchtig.

Stress

Es hetzt der Mensch in Serpentinen
von Terminen zu Terminen
und wundert sich am Ende sehr,
warum sein Leben trotzdem leer.

Er hat viel Schönes nicht gesehen,
deshalb kann er auch nicht verstehen,
wenn er im Alter irgendwann,
sich über nichts mehr freuen kann.

Drum leg bei Zeiten Pausen ein,
lass auch die Arbeit Arbeit sein,
nimm lieber teil an schönen Dingen,
es wird dir dann viel Freude bringen.

Theo Mandels Erbe

Mandel verließ den Zug und sah sich suchend um. Eigentlich wollte sie ein gewisser Notar Zeisel abholen. Vielleicht hatte er sich ja verspätet. Sie setzte sich auf eine Bank und wartete.

Nach dem Anruf von diesem Zeisel hatte sie sich sofort in den Flieger gesetzt, um das Erbe anzutreten. Ihr Onkel, Theo Mandel, ein Bruder ihres Vaters, war gestorben und hatte ihr etwas hinterlassen. Obwohl sie bis zum jetzigen Zeitpunkt keinen engeren Kontakt zu ihrem Onkel hatte, wusste sie doch, dass es ihn gab.

„Sie müssen Frau Mandel sein", ertönte plötzlich hinter ihr eine unangenehme Stimme. Sie drehte sich schnell um. Vor ihr stand ein etwas untersetzter, blasser Mann.

Er musste sich leise herangeschlichen haben. Sie schätzte ihn auf Mitte, Ende vierzig. Seine unsteten Augen hinter dicken Brillengläsern taxierten sie von oben nach unten. Er war ihr sofort unsympathisch.

„Ja", sagte sie deshalb nur kurz. „Dann sind sie der Notar?"

Er konnte sie nicht ansehen. Unstet flogen seine Augen hin und her und wichen ihrem Blick aus. Hatte er Komplexe oder etwas zu verbergen? Ihr war es egal. Sie wollte so schnell wie möglich die Formalitäten hinter sich bringen.

„Wo ist ihr Büro?", fragte sie ihn direkt. „Ich bin müde und will alles schnell erledigt haben."

„Natürlich."

Seine Kanzlei war ganz in der Nähe. Als wir Platz genommen hatten, öffnete er umständlich einen versiegelten Umschlag, zog ein Schreiben, ein Sparbuch und einen Schlüssel heraus und setzte sich eine Brille auf. Diese Prozedur dauerte für mich Stunden, so kam es mir zumindest vor.

Nach den üblichen notariellen Floskeln, kam er schließlich auf das Wesentliche zu sprechen. „Ihr seliger Onkel, Theo Mandel, hat Ihnen außer dem schuldenfreien Haus mit dem Grundstück noch

ein Sparbuch mit 25.000 € hinterlassen. Und da Sie die einzig noch lebende Verwandte sind, steht Ihnen das gesamte Erbe zu."
Nervös tupfte er sich den Schweiß von der Stirne und schob ihr ein Schreiben zur Unterschrift rüber. Entweder war er noch nicht lange im Beruf, oder er hatte etwas zu verbergen? Wer weiß?
Susanne las sich alles genau durch, setzte ihre Unterschrift an die vorgeschriebene Stelle und ließ sich Schlüssel und Sparbuch aushändigen.
„Soll ich Sie zum Haus ihres Onkels fahren?", fragte plötzlich Zeisel. „Ich hätte da noch einiges mit Ihnen zu besprechen."
Nanu, es war doch alles gesagt. Was wollte er jetzt noch? „Ich nehme ein Taxi. Was gibt es denn noch?" Sie wollte so schnell wie möglich den unangenehmen Notar verlassen.
„Tja", druckste er. „Ihr Herr Onkel hat zahlreiche Bücher hinterlassen. Besteht vielleicht die Möglichkeit, dass ich einige Exemplare erwerben kann?"
Aha, daher wehte der Wind. Er hatte sich also schon im Haus umgesehen. „Ich muss erst einmal die Bücher und alles andere gesehen haben, erst dann entscheide ich", sagte Susanne und ging zur Tür.
Sie war froh, endlich an die frische Luft zu kommen. Lange hätte sie es beim Notar nicht mehr ausgehalten. Sie hatte keine Vorstellung von dem Haus und dem Drum und Dran, was sie erwartete. Sie war gespannt. Die Taxifahrt dauerte nur wenige Minuten. Erwartungsvoll beugte sie sich vor, als das Taxi plötzlich vor einem hohen schmiedeeisernen Gartentor hielt. Doch die hohen Bäume und Büsche verhinderten einen Blick auf das Haus.
Susanne Mandel zahlte das Taxi, ergriff ihren Koffer und ging mutig auf das Tor zu. Es war nicht abgeschlossen. Sie drückte dagegen und bahnte sich einen Weg durch einen verwilderten Vorgarten.
Hier war lange nichts mehr getan worden. Wahrscheinlich hatte ihr Onkel es nicht mehr gekonnt oder kein Interesse an Gartenarbeit gehabt. Egal. Dann sah sie das Haus. Was sage ich, es war eher eine Villa. Eine kleine Treppe führte zu einer imposanten Eingangstür.

Sie war riesengroß und mit Messingbeschlägen verziert. Zaghaft schloss sie die Türe auf und betrat die große Eingangshalle. Sie blieb wie angewurzelt stehen und starrte auf ein gewaltiges Chaos. Die Tapete hing in Fetzen von der Wand und lag zum Teil auf dem Fußboden. Es war alles dreckig und verwahrlost.
Susanne schüttelte sich. Ihr war das Haus plötzlich unheimlich. Doch dann ging sie mutig weiter. Zimmer für Zimmer nahm sie in Augenschein. Überall der gleiche Anblick. Die Türen und Schubladen von den Schränken standen offen oder lagen auf dem Fußboden und die meisten Bücher waren einfach aus den Regalen herausgerissen worden. Hier musste jemand etwas gesucht und wie ein Vandale gehaust haben.
Sie hatte keine Ahnung, was fehlte.
Nachdenklich stieg sie in den Keller. Doch auch hier das gleiche Chaos. Einige Kellerfenster waren anscheinend gewaltsam geöffnet worden, die Scheiben waren zertrümmert.
Sie griff entschlossen zu ihrem Handy, rief die Polizei an und erzählte ihre Geschichte.
Etwa eine viertel Stunde später bremste vor ihrem Haus ein Polizeifahrzeug. Susanne erzählte den beiden Beamten, wie ihre Situation war und was sie vorgefunden hatte. Da sie über fehlende Sachen keine Angaben machen konnte, war der Besuch der Polizisten nur kurz.
In den kommenden Tagen ließ Susanne Mandel von den Außentüren die Schlösser auswechseln, entrümpelte die Zimmer und beauftragte einen Maler, alles hell zu streichen. Da auch einige Möbel neu angeschafft werden mussten, ging ihre Barschaft dem Ende zu. Sie wollte und musste arbeiten.
Die Bewohner von der Stadt Jever waren in heller Aufregung. Ein Mordfall sollte für ein paar Tage Stadtgespräch sein. Was war geschehen?
Die Putzfrau Amalie Behrens hatte versucht, den Laden vom Fotografen Hubert Blasius aufzuschließen, um ihrer Arbeit nachzugehen. Doch die Tür war schon offen. Das kam öfter vor. Blasius pflegte manchmal in aller Frühe, in der Dunkelkammer Arbeiten

zu erledigen. So wunderte sich Amalie Behrens auch nicht und hatte mit einem fröhlichen „Guten Morgen!“ den Laden betreten. Doch zu ihrem Entsetzen entdeckte sie wenig später in dem Nebenzimmer ihren Arbeitgeber tot auf der Erde liegen. Sie war schreiend auf die Straße gestürzt und hatte um Hilfe gerufen. Als wir eintrafen, bot sich folgendes Bild: Der Fotograf lag mit offenen Augen im Nebenzimmer auf dem Boden und aus seinem blutverschmierten Hemd ragte der Griff eines Brieföffners hervor. Wie sich später herausstellte, hatte der Brieföffner direkt das Herz getroffen und der Stich war sofort tödlich gewesen.

„Die Räume scheinen in aller Eile durchsucht worden zu sein“, sagte Hauptkommissar Ole Petersen zum Staatsanwalt König. „Wir müssen noch die Ergebnisse der Spurensicherung abwarten, aber wie es scheint, sind keine Abdrücke auf dem Brieföffner.“ Staatsanwalt König, ein vierschrötiger Typ mit cholerischen Neigungen, stampfte wütend mit dem Fuss auf und rief: „Wir brauchen Ergebnisse und zwar schnellstens. Die Öffentlichkeit hat ein Recht darauf. Also tun sie etwas!“ Er drehte sich und verließ das Dienstzimmer.

„Der hat gut reden“, knurrte Torsten Veit, ein Mitarbeiter von Petersen. „Lass uns noch einmal in den Laden gehen, vielleicht haben wir ja etwas übersehen.“ Petersen erhob sich und strebte zur Tür. Widerwillig folgte Veit. Er hätte viel lieber bis zum Feierabend im Büro zugebracht. Zehn Minuten später stiegen sie am Kirchplatz aus dem Wagen, entfernten das Siegel an der Tür und betraten den Laden. Petersen blieb stehen und blickte erst einmal in die Runde, um den Gesamteindruck auf sich wirken zu lassen. Plötzlich schlug er sich an die Stirne und rief: „Natürlich, die Kundenkartei! Dass ich daran nicht gedacht habe.“ Dann stürmte er in den Raum, wo der Tote gelegen hatte und sah sich suchend um. Wenn er gehofft hatte, eine Kundenkartei aufzufinden, sah er sich getäuscht. Nur die noch nicht abgeholten Bilder einiger Kunden entdeckten die beiden nach längerem Suchen in einem Schuhkarton. Wenigstens etwas, dachte Petersen. Veit, der sich für die Dunkelkammer und die wenigen Maschinen zu interessieren schien, rief plötzlich:

„Chef, hier habe ich was entdeckt. Kommen sie mal.“ Als Petersen näher kam, hielt Veit ihm triumphierend einige Blätter entgegen. „Das lag in dem Kopiergerät.“ Es waren drei Kopien einer Zeichnung. Irgendwie erinnerten ihn die Zeichnungen an einen bestimmten Maler. Da auch keine Signatur vorhanden war, ließ er es damit bewenden und beendete die Suche nach einer Kundenkartei. Sie nahmen die Zeichnungen und die nicht abgeholten Bilder mit und zogen ab. Veit versiegelte erneut den Laden. „Es bleibt uns nichts anderes übrig, als die Kunden der Fotos abzuklappern“, meinte Petersen im Auto.
„Ich liebe Klinkenputzen“, meinte Veit etwas sarkastisch, aber er lachte dabei. Im Büro angekommen, nahm sich Veit die Fotos vor, während Petersen sich noch einmal die Bilder genauer ansah. Plötzlich entdeckte er auf der Rückseite von einem Abzug eine Adresse, die jemand mit Bleistift notiert hatte.
Sie einigten sich darauf, dass Veit die Fotobesteller aufsuchen und Petersen zu der auf den Fotokopien abgedruckten Adresse fahren sollte. Beide machten sich auf. Da Petersen noch nie in Cäciliengroden war, gab er die Anschrift in sein Navi ein und fuhr los.
Es war eines dieser typischen Siedlungshäuser in der Paul-Hug-Straße, bei dem die Stimme aus dem Navi sagte: „Sie haben das Ziel erreicht."
Petersen nahm die Zeichnungen, stieg aus und klingelte. Kurze Zeit später öffnete ein etwa dreißigjähriger Mann mit wallender Mähne die Tür und fragte: „Ja?“
Petersen zückte seinen Ausweis und hielt ihn dem Mann entgegen. „Kriminalpolizei, Petersen. Kann ich reinkommen?“
„Kriminalpolizei?“ Knut Holden schien tatsächlich erstaunt zu sein. Aber er ließ Hauptkommissar Petersen bereitwillig eintreten und sagte: „Es handelt sich nur um einen Einbruch.“
Jetzt war es Petersen, der erstaunt fragte: „Wieso Einbruch? Was meinen Sie damit?“
„Bei mir ist gestern eingebrochen worden“, berichtete Holden. „Ich habe es sofort in der Sander Polizeidienststelle gemeldet.“
„Ist etwas gestohlen worden?“

Holden schüttelte seinen Kopf und fügte dann hinzu: „Aber es wurde hier alles verwüstet. Ich bin gerade dabei, ein wenig Ordnung zu schaffen."
Tatsächlich sah es in der Wohnung nicht gerade aufgeräumt auf. Petersen hatte es auf den mangelnden Ordnungssinn von Holden geschoben. Doch dann besann er sich auf den Grund seines Kommens und fragte: „Waren Sie nicht kürzlich in dem Laden des Fotografen Blasius in Jever? Was haben Sie da gewollt?"
Verständnislos blickte Holden Petersen an. „Was soll die Frage, habe ich was verbrochen?"
Petersen zeigte ihm die Kopien. „Was soll denn das? Woher haben Sie die Kopien?", fragte jetzt Holden bestürzt. „Aus dem Fotoladen. Jetzt aber raus mit der Wahrheit!" Und dann berichtete Holden, wie er an das Bild gekommen war und was es mit dem Fotografen Blasius zu hatte.
„Ich bin Maler, aber dieses Bild stammt nicht von mir", begann er mit seiner Geschichte. Danach hatte er vor einiger Zeit wieder einmal einen Flohmarkt in Wilhelmshaven aufgesucht, um günstig Bilderrahmen zu erwerben. Er hatte Glück. Zwar musste er die kompletten Bilder kaufen, es waren billige Kunstdrucke, aber die Rahmen waren wie neu. Zu Hause hatte Holden die Kunstdrucke entfernt und dabei entdeckte er in der Bilderabdeckung dieses Bild.
„Wollen Sie einen Kaffee?", fragte er den Hauptkommissar und unterbrach kurz seine Schilderung. „Mir ist nämlich danach."
„Gerne." Während Holden den Kaffee aufsetzte, besah sich Petersen die Bilder. Sie gefielen ihm. Das war genau sein Geschmack. Als kurze Zeit später Holden den Kaffee brachte und sie etwas getrunken hatten, sagte ihm Petersen über die Bildung seine Meinung. Dann erzählte Holden weiter.
„Da ich auch ein wenig Ahnung von der Malerei habe, glaubte ich, einen >Picasso< entdeckt zu haben. Um aber sicher zu gehen, wollte ich die Meinung von einem Experten einholen und habe mir einige Kopien machen lassen. Ich habe aber geglaubt, dass er mir alle Exemplare mitgegeben hatte. Das scheint ja offensichtlich nicht der Fall gewesen zu sein", schloss er seinen Bericht.

„Wann waren sie das letzte Mal in dem Laden", fragte Petersen nachdenklich. „Und haben Sie das Original noch?"
„Das ist ja mein Problem", sagte Holden. „Seit dem Besuch in diesem Fotoladen ist das Original verschwunden."
Petersen schaute ihn fragend an. „Und weiter?", fragte er.
„Als ich es bemerkte, bin ich natürlich gleich zurück. Aber obwohl es erst siebzehn Uhr war, stand ich vor verschlossener Türe. Natürlich habe ich einige Male laut an die Tür geklopft und versucht durch die Scheibe zu sehen, aber niemand hat aufgemacht." Holden schwieg und dachte nach. „Ja, und dann geschah etwas Merkwürdiges. Ich war schon fast 200 Meter entfernt und schaute noch mal zurück. Da sah ich, wie eine Frau den Laden verließ. Sie trug einen Hut und hatte ihn tief ins Gesicht gezogen. Natürlich bin ich wieder zurück. Als ich jetzt den Laden betrat und laut ‚Hallo!' rief, meldete sich keiner. Ich habe noch ein paar Mal gerufen und bin dann wieder gegangen."
„War das alles?", fragte Petersen. Holden nickte. Die Geschichte war so unglaublich, dass sie schon wieder wahr sein konnte.
Doch Petersen glaubte dem jungen Mann. Er verabschiedete sich und ging, doch an der Tür drehte er sich noch einmal um und fragte: „Würden Sie den Flohmarkthändler wiedererkennen? Vielleicht müssen wir Sie noch einmal in Anspruch nehmen."
„Ich stehe zur Verfügung."
In seiner Dienststelle angekommen, begrüßte ihn sein Kollege Behrens mit den Worten: „Außer Spesen nichts gewesen." Bei einem Becher Kaffee tauschten sie ihre Ergebnisse aus. Heiko Behrens begann zuerst. „Ja, Chef", seufzte er schwärmerisch. „So etwas haben wir noch nicht gesehen. Ein Traum von einer Frau. Lange pechschwarze Haare und ..."
Petersen unterbrach die Schwärmerei seines Mitarbeiters. „Bitte nur die Fakten."
„Schade, aber so ist das in unserem Beruf, immer nur Mord und Totschlag und das Schöne bleibt außen vor", gab Behrens sein Bedauern kund. Doch er lachte dabei.
„Der Kunsthändler bestätigte die Angaben von diesem Holden."

Petersen wollte gerade etwas erwidern, als das Telefon anschlug. Er meldete sich. Nach ein paar Minuten legte er wieder auf und sagte: „Das war Holden. Am Wochenende ist wieder Flohmarkt in Wilhelmshaven. Er will wieder hin, um diesen Händler ausfindig zu machen."
Er blickte seine Kollegen lächelnd an und fragte: „Wer von euch ist bereit, Holden zu begleiten?" Veit, der schon immer mal während der Dienstzeit eine Auszeit nehmen wollte, meldete sich sofort. „Ich, Chef. Flohmarktbesuche sind meine Leidenschaft. Und das auch noch dienstlich angeordnet." Er grinste übermütig. Doch Petersen brachte ihn in die Realität zurück. „Vergessen Sie aber nicht Ihren Auftrag", sagte er.
Der nächste Tag sollte sie alle in ihren Ermittlungen weiterbringen. Petersen und sein Kollege Behrens wollten sich erst gegen Mittag mit dem Kunsthändler treffen und widmeten sich deshalb der Büroarbeit. Veit war inzwischen zu dem Maler Knut Holden gefahren. Gemeinsam fuhren sie anschließend zum Flohmarkt nach Wilhelmshaven. Da es viel Interessantes zu sehen gab, schlenderten die Beiden gemütlich über den Platz. Dann endlich entdeckten sie den Trödler, der Holden das Bild verkauft hatte. Natürlich konnte sich der Händler an nichts erinnern. Erst als Kommissar Veit ihm mit seiner Festnahme drohte, wurde er gesprächiger. Danach hatte er die Rahmen von einem gewissen Baruch erworben, der im Bestattungsunternehmen Hauser arbeiten sollte. Veit bat den Mann, am nächsten Tag, nachdem er sich die Personalien notiert hatte, ins Präsidium zu kommen, um seine Aussage zu unterschreiben.
Da Holden noch weiter nach Dingen stöbern wollte, verabschiedeten sich die beiden und Veit fuhr zurück zur Dienststelle. Sie trafen fast gleichzeitig ein. Bei einer Tasse Kaffee tauschten sie ihre Ergebnisse aus. Der Kunsthändler Olaf Schade bestätigte zwar die Angaben von Holden, aber er konnte keine weiteren Angaben zu dem Original machen.
„Wir haben natürlich auch die Freundin vom Schade dazu vernommen", sagte Behrens und grinste vielsagend. „Aber die schien von nichts gewusst zu haben. Ich traue ihr aber einiges zu!"

„Ich habe die beiden aufs Revier zitiert, damit sie ihr Protokoll unterschreiben“, ergänzte Petersen.
Veit fragte anschließend, ob er vielleicht dem Beerdigungsinstitut Hauser einen Besuch abstatten sollte. „Das könnt ihr beide machen, ich muss noch zum Staatsanwalt – leider“, sagte Petersen etwas gequält.
Veit und Behrens machten sich davon.
Der Bestatter Hauser tat überrascht, als die Beamten sich ausgewiesen hatten. „Mordkommission? Ist was nicht in Ordnung?“
„Wir hätten gerne mit Herrn Baruch gesprochen. Er ist doch bei ihnen beschäftigt – oder?“
„Ja, natürlich. Hat er etwas ausgefressen?“ Hauser zog nervös an seinen Fingern, die entsprechend laut knackten. Veit und Behrens sahen sich an. Hatte Hauser vielleicht etwas zu verbergen. Sein Getue gefiel den Beamten nicht. „Wir wollen ihren Angestellten nur als einen möglichen Zeugen befragen“, beruhigte Behrens Hauser. „Wo ist er?“
„Ja, einen Moment.“ Hauser wieselte los und verschwand hinter einem Vorhang. Gleich darauf erschien er wieder und ihm folgte ein krummer älterer Mann.

Nachdenkliches

Wie ein Kind

Das Wasser zieht mich magisch an,
der große Schmerz erdrückt mich fast,
weil ich mit niemand reden kann,
ist mein Dasein eine Last.

Der starke Sturm peitscht hoch die Wellen,
Gischt springt auf und hüllt mich ein,
ich stemme mich bewusst dagegen
und die Gedanken sich befrei'n.

Und plötzlich bin ich neu beseelt,
dass mich das Meer vergessen lassen
und auch die Sorge, die mich quält,
beginnt nun langsam zu verblassen.

Ich fühle mich wie einst als Kind,
welches keine Sorgen kennt,
der große Sturm wird jetzt zum Wind,
der Wunsch nach Neuem in mir brennt.

Mein Leben hat auf einmal Ziele,
die Zukunft hat noch einen Sinn,
vorbei ist meine unerfüllte Liebe,
ich bleibe so, wie ich jetzt bin.

Die Erde in Gefahr

Neid und Furcht regiert die Welt,
denn niemand gönnt dem andern was,
es wird betrogen und geprellt
und auf der Welt regiert der Hass.
Der Mensch will immer höher streben
und was bedeutet da ein Leben?

Die Gier nach Geld und Gold ist groß,
ein jeder will der Größte sein,
so handeln manche rigoros
und schlagen alles kurz und klein.
Es brennen Kriege in der Welt,
obwohl der Ruf nach Frieden gellt.

Wir dringen tief in unsre Erde,
um Bodenschätze auszubeuten
und wundern uns der Feuerherde;
die Erde bebt – und Glocken läuten!
Entsetzt sind Menschen voller Grauen,
nur wenige sich etwas trauen.

Wird die Menschheit nie gescheit
und macht Schluss mit all den Kriegen?
Wir haben nur noch wenig Zeit,
Verlierer sind auch die, die siegen.
Es lohnt die Erde zu erhalten
und sie gerechter zu gestalten.

Wie ist das Leben

Wie das Wetter – so das Leben,
auf und ab und sehr bewegt,
unser gut gemeintes Streben,
manchmal sich in Fesseln legt.

Ein Hoch und eitel Sonnenschein,
und leichter Wind das Haar zerzaust,
dem folgt ein Tief mit Frust und Pein,
wenn ein Sturm durchs Leben braust.

Dann geht so vieles plötzlich schief,
denn Angst und Sorge macht sich breit
und alles, was noch vorher lief,
endet in Hoffnungslosigkeit.

Dann hilft dir nur ein fester Halt,
wenn dich das Schicksal hart getroffen,
und wenn die Sonne wieder scheint,
kannst du auf Besserung dann hoffen.

Großstadt

Wolkenkratzer, volle Straßen,
Neonlichter und viel Lärm,
Menschen hetzen, Autos rasen
und keine Sicht auf einen Stern.

Viel Beton und wenig Grün,
keine Luft um aufzutanken,
auch Laster und Gewalt hier blüh'n,
der Boden scheint hier oft zu wanken.

Restaurants und viel Lokale,
zig Angebote in Kultur,
auch freie Liebe und Kabale,
wie verkraftet man es nur?

Hinter vielen Fenstern, Türen
mancher Mensch vor Not erbleicht,
die Armut kann man deutlich spüren,
weil es nicht zum Leben reicht.

Depression und Einsamkeit
stellt den Menschen hier in Frage,
wer ist eigentlich bereit,
abzuwenden diese Klage ...

Geflügelte Worte

Wer gern mit Sprichwörtern hantiert,
will eigentlich nur etwas sagen,
doch sei gewitzt und raffiniert,
sonst könnte man dich auch verklagen.

Denn hast du dich erstmal blamiert
und trittst ins Näpfchen – voll mit Fett,
entweder läuft es wie geschmiert,
oder es findet dich niemand nett.

Doch steckt der Schalk dir mal im Nacken,
du denkst: So wie du mir – dir auch,
und behältst du deine Macken,
fällst du gewaltig auf den Bauch.

Als Elefant durchs Porzellan
fällst du von Traufe in den Regen,
denn Aug um Auge, Zahn um Zahn
bringt dir und andern keinen Segen.

Lass Götz von Berlichingen sein
und grab den andern keine Grube,
sonst fällst du selber noch hinein
und fehlt dir auch die gute Stube.

Denn wer selbst im Glashaus wohnt,
der werf auf andre keinen Stein,
du merkst sehr schnell, dass es nicht lohnt,
schlägt der Stein bei dir dann ein.

Klage

Mit der Geburt beginnt das Leben,
so steht es schon in Gottes Wort,
doch Wissenschaft will höher streben
und wirft den Schöpfer über Bord.

Sie klonen Tiere ohne Sinn,
nur weil man immer weiter will,
auch pure Geldgier und Gewinn,
so tönt es ständig laut und schrill.

Auch die Erde wird zerstört
und viele Menschen hungern oder sterben,
auf Gottes Worte niemand hört,
sie hinterlassen oft nur Scherben.

Nichts ist mehr heilig, auch nicht das Leben,
von Nächstenliebe keine Spur,
die Welt beginnt sehr oft zu beben,
doch die Menschen bleiben stur.

Wer es dann wagt mal aufzumucken,
wird verspottet und verhöhnt,
viele Menschen sich nur ducken,
Zivilcourage ist verpönt.

Lass dich beschenken

Mit dem Tod von Jesus Christ
ist errettet, was verloren,
die Sünde dir vergeben ist
und wenn du willst – auch neu geboren.

Mit seinem Blut hat er vergeben,
damit die Menschen ewig leben,
doch nicht auf unsrer Mutter Erde,
sondern beim Herrn auf ewig werde.

So lass sich jeder reich beschenken
und an Gottes Liebe denken,
das Dunkle wird durch ihn erhellt
und nicht ins Ungewisse fällt.

Seine Gnad uns stets behüte,
durch seine immer während Güte.
Dein Glaube dir den Weg aufzeigt,
wenn der Herr sich zu dir neigt.

Verlorenes Paradies

Als Gott die Welt dereinst erschuf,
da hörte niemand seinen Ruf:
„Ich finde alles schön und gut!"
Denn was er sah, das machte Mut.

Er nannte sein Werk Paradies,
für das er ein Gebot erließ:
Es esse niemand von dem Baum,
sonst bleibt das Paradies ein Traum.

Dann schuf er seine Kreatur,
damit sie pflege die Natur
und Menschen sollten darin leben,
die Gottes Volk die Zukunft geben.

Doch der Mensch ließ sich verführen,
die Sünde kann man heute spüren.
Sie wären gerne dort geblieben,
doch Gottes Zorn hat sie vertrieben.

Durch Christus hat die Menschheit Glück,
denn Gottes Sohn bringt sie zurück,
ins Paradies zum ewig Leben,
denn unsre Schuld wurde vergeben.

Terror

Der Mensch zerstört, worauf er steht,
der Erdball in Gefahr gerät,
fanatisch und mit blinder Wut
reizen sich Völker bis aufs Blut

Eine Zukunft, vor der sich jeder graut,
es tönt nur noch Vergeltung laut.
Der Mensch nur immer Fäuste ballt
und will nur Terror und Gewalt.

Nichts ist ihm heilig, auch nicht das Leben,
auch die Erde scheint zu beben.
Doch die Menschen bleiben stur:
von Nächstenliebe keine Spur.

Was nicht passt, das wird gestutzt
und der Glaube wird genutzt,
gegen Recht und trotz Gesetzen,
sich immer weiter aufzuhetzen.

Wo soll das mit uns Menschen enden,
wie wollen wir das Chaos wenden?
Gott verabscheut solche Triebe,
denn er ist stets ein Gott der Liebe.

Da hilft nur beten oder hoffen,
denn alle sind davon betroffen,
den Menschen Weisheit widerfährt
und wieder Frieden auf die Erde kehrt.

Bitte um Hilfe

Ich rufe Herr, in meiner Not,
gib allen unser täglich Brot,
hilf, dass wir stets aus deiner Kraft,
erhalten neuen Lebenssaft.

Lass uns spüren deine Liebe,
damit nicht Hass das Leben trübe,
sei uns Hoffnung, Schutz und Heil,
vertreibe auch des Satans Keil.

Sei unser Fels und gib uns Stärke,
damit wir kennen deine Werke,
denn du bist unsre Zuversicht,
mit dir brennt stets ein helles Licht.

Auch stärke unser Glaubensleben
und gib uns Mut zum Weitergeben,
entferne, was uns von dir trennt,
entzünde Liebe, dass sie brennt.

Wir preisen und wir loben dich,
lass uns Menschen nie im Stich,
erbarme dich in deiner Güte
damit sie uns auch stets behüte.

Wahlgefechte

Um sich ins rechte Licht zu setzen,
wird leider oftmals sehr brutal
versucht, den Gegner zu verletzen,
ganz besonders vor der Wahl.

Ein ungeheurer Schlagabtausch
bestimmt die Jagd nach den Prozenten
und die Parteien sind wie im Rausch,
wie mach ich klein die Kontrahenten?

Da geht so mancher auch KO,
durch einen Tiefschlag, der verboten,
denn so gewinnt man oft die Show
und erreicht auch seine Quoten.

Das dabei Grenzen überschritten
und guter Anstand stets vergessen,
ganz zu schweigen von den Sitten,
als hätte man sie nie besessen.

Auch wirft sich mancher in die Brust
und jubelt laut: Ich bin der Beste.
Ein andrer aber ärgert sich,
weil dunkle Flecken auf der Weste.

Und die Moral von dem Gedicht?
Nach oben geht es mit Gewalt,
doch verliert man sein Gesicht,
fällst du tief, bis es dann knallt.

Leeres Gerede

Wer stets viel redet, doch oft nichts sagt,
dabei ein Himmelreich verspricht,
ist als Politiker gefragt,
denn was der sagt, versteht man nicht.

Schon vor der Wahl kommt der Verdacht,
den Wählern wird was vorgegaukelt,
denn ist gewonnen erst die Schlacht,
fühlt sich der Wähler oft verschaukelt.

Und im Plenarsaal niemand sitzt,
denn Nebenjobs sind doch gescheiter,
der Bürger wird so ausgenützt,
denn das Gehalt läuft immer weiter.

Viel MdBs um Posten kämpfen,
denn Aufsichtsräte gibt es viele,
sie sollten lieber Kosten dämpfen,
das wären lohnendere Ziele.

Nur manchmal haben sie es schwer,
wenn sie in ferne Länder reisen,
dann ist der Bundestag stets leer,
weil sie mit ihresgleichen speisen.

Auch manchmal im Finanzausgleich,
bei dem die Länder sind vertreten,
sie weinen oft: Wir sind nicht reich!
Doch gleich erhöhen sie die Diäten.

So endet vieles im Debakel,
erwischt man sie, sind sie empört,
es herrscht ein heilloses Spektakel,
weil es zur Politik gehört.

Es wird geschoben und geschmiert
und diffamiert, doch stets verbal,
denn der Parteienzwang regiert,
der Bürger ist dabei egal.

Der Wähler nimmt sich ständig vor
ich gehe niemals wieder wählen,
doch er bleibt, wie stets zuvor,
denn die Partei kann auf ihn zählen.

Rentnerdasein

Hast vierzig Jahre treu geschuftet,
jetzt soll es in die Rente gehen,
du freust dich, weil die Freiheit duftet,
es kann dich jeder gut verstehen.

Doch leider schlägt der Staat jetzt zu,
denn von der Arbeitskraft Rendite,
die du erhofft mit deiner Ruh,
entpuppt sich nun als eine Niete.

Was der Staat dir einst versprochen,
dass du genügend Rente hast,
dies Wort wird leider jetzt gebrochen;
am Hungertuche nagst du fast.

Denn für den Staat lebst du zu lange,
du bist jetzt kein aktiver Posten,
dir wird vorm Älterwerden bange,
denn du bedeutest nur noch Kosten.

Im Arbeitsmarkt bist du nichts wert,
trotzdem musst du Steuern zahlen.
Doch einmal dich der Staat begehrt,
wenn man dich ruft zu neuen Wahlen.

Futsch

Es bringt der Mensch, ganz ohne Zwang,
sein gutes Geld zu einer Bank
und hofft, dass er im Alter dann
vom Angesparten leben kann.

Die Zukunftsangst ist jetzt vergessen,
denn du sparst nun wie besessen.
Dein Geld liegt hinter Panzertüren,
wie sicher, wirst du schon bald spüren.

Die Zeit vergeht in Zuversicht,
auch wenn der Staat dir nichts verspricht.
Du bist trotz allem Optimist,
obwohl die Bank jetzt Halbmast hisst.

Was einst gesagt, soll nicht mehr gelten,
Rendite gibt es nur noch selten,
bis schließlich auch dein ganzes Geld
der Inflation zum Opfer fällt.

Was du als Rente dir gedacht,
ist futsch, doch gib jetzt Acht.
Der Staat schenkt deiner Bank Millionen,
denn Misswirtschaft muss sich ja lohnen.

Was dir nun bleibt, ist große Wut,
zwar nimmt der Manager den Hut,
der prall gefüllt ist mit viel Geld,
weil man ihn so zufrieden stellt.

Quellende Träume

Es plätschert und verursacht Wellen
so manches Rinnsal und auch Quellen.
Die Hoffnung, dass ein See draus werde,
versickert meistens in der Erde.

So ist es oft mit unsern Träumen,
sie wachsen an zu hohen Bäumen,
doch ist zu Ende dann dein Traum,
fehlt der Erinnerung der Raum.

Täuschung

Nur das Geld beherrscht die Welt,
Milliarden wechseln hin und her
und wer dann noch den Fiskus prellt,
behauptet frech: Ich bin doch wer!

Besondere Steine

Den Stein der Weisen
findet man oft erst im hohen Alter
– oder überhaupt nicht.

***

Den Stein der Erleichterung,
der dir vom Herzen fällt,
bemerkst du erst dann,
wenn du dich auf die Waage stellst.

***

Den Stein des Anstoßes
spürst du besonders schmerzhaft,
wenn er dir auf die Füsse fällt.

Gedanken eines Schriftstellers

Lyrik im Wandel

Blickt man zurück in der Geschichte
und liest bei Goethe, Schiller, Heine,
dann sind sehr viele der Gedichte
wie gute Tropfen edler Weine.

Sie reimen sich gekonnt in Zeilen,
es ist die Kunst der Poesie.
Wer möchte nicht in ihr verweilen?
Wer reimen kann, ist ein Genie.

Doch heute will niemand mehr dichten,
anscheinend ist es viel zu schwer,
es sind meistens nur Kurzgeschichten,
denn reimen will doch keiner mehr.

Es ist bedauerlich und schade,
der guten Lyrik fehlt jetzt was,
denn ohne Reime ist es fade,
wie eine Wiese ohne Gras.

Drum reimt ihr Lyriker! Und dichtet!
Auf dass der Reim erhalten bleibt!
Wer diese Art bewusst vernichtet,
stets Schindluder mit Lyrik treibt.

Blockade

Oft hemmen die Gedanken
riesengroße Schranken,
die man nicht überwindet
und nicht keinen Ausweg findet.

Kulturreise

Erst neulich war ich wieder schwach
und fuhr sofort nach Eisenach,
dann auch nach Weimar in Kultur,
zu finden mancher Dichter Spur.

Die Wartburg ließ ich abseits liegen,
weil diesmal Goethe, Schiller siegen.
Dann sah ich beide gemeinsam stehen
und mich im Auto kommen sehen.

In Weimar immer nur die beiden,
weil wahre Größe ist bescheiden.
Bei der Kultur in solchen Massen
musste ich beizeiten passen.

Denn an jeder kleinen Hütte,
steht oft an des Hauses Mitte:
Hier hat gewohnt der Dichter Goethe
und hat gespielt auf seiner Flöte.

Die Wahrheit ist nicht zu ergründen,
drum laß ich dieser Leute Sünden
und verließ die Dichterstätte,
die ich gern gesehen hätte.

Bepackt mit allerlei Broschüren,
denn ich durfte nichts berühren.

Brotlose Kunst

Ein Künstler stets vom Beifall lebt,
so wird es jedenfalls gesagt,
doch manchmal er nach Gagen strebt,
bevor am Hungertuch er nagt.

Denn ohne Geld, da wird ihm bang.
Wovon soll er die Miete zahlen?
Er wird nicht satt nur vom Gesang
und auch nicht von dem Bilder malen.

Ein Star zu sein mit sehr viel Geld,
so ist der Wunsch und der Applaus,
dir gehört die ganze Welt,
doch einmal ist es damit aus.

Hast du dann nicht dein Geld gespart
und kannst nicht leben wie bisher,
dann wird das Leben für dich hart,
denn man kennt dich dann mehr.

Deutsch

So manches aus den USA ist gut,
vieles wird auch nur verdreht,
doch macht es uns dann wenig Mut,
wenn man es selber nicht versteht.

Der Mensch ist dann auch nur noch cool,
wenn er das Spielen nennt auch play,
das eigne Schwimmbad ist der Pool
und das Heute ist today.

Das Sprachgut wandelt sich enorm,
nichts ist mehr bunt, sondern color,
bei uns wird Englisch Ausdrucksform,
sprichst du nur Deutsch, bist du ein Tor.

Der Liebste ist nur noch ein Lover
und seinen Vater nennt er Dad,
der Bucheinband, das ist ein Cover,
noch schlimmer ist das Internet.

Das Deutsche ist doch fast verpönt,
wie soll die deutsche Sprache enden?
Wer sich daran dann nicht gewöhnt,
der spricht in Zukunft nur mit Händen.

Die Leseratte

In den Regalen liegt und steht
so mancher Dichter und Poet
und jeder deshalb auch noch glaubt,
er wird gelesen und entstaubt.
Doch leider trügt hier oft der Schein,
denn dieses Buch bleibt stets allein.

Wer Bücher hat, der ist belesen,
so ist die Meinung stets gewesen,
doch selten wird ins Buch geschaut,
geschweige sich am Text erbaut.
Und nur ein Wurm mit großer List,
sich tapfer durch die Seiten frisst.

So stehen Lenz mit dem Verlust
und mancher Autor mit viel Frust,
auch ein paar alte Krimischwarrten
die immer noch auf Leser warten.
Sogar ein dickes Buch von Dante,
ein Geschenk von deiner Tante.

Es schlummert tief das Lesegut
und macht dem Autor wenig Mut
sich noch die Finger wund zu schreiben,
drum lass das Schreiben lieber bleiben.
So bleibt es oft bei dem Versuch,
zu lesen oft in einem Buch.

Buchmesse

Autoren, Lektoren und Verlage
stellen sich sehr oft die Frage,
ob es sich noch lohnt zu schreiben
und ein Buch noch zu vertreiben.

Deshalb schürt man das Interesse
im Rahmen einer Büchermesse
ein Buch auch an den Mann zu bringen.
Hier soll es wieder mal gelingen.

Es gibt doch immer wieder Narren,
die bei neunzigtausend Exemplaren
sich den Durchbruch heiß ersehnen,
da kann der Bestseller nur gähnen.

Ängste eines Poeten

Ein Dichter sitzt oft stundenlang
auf einer sehr bequemen Bank,
mit zerfurchter, krauser Stirn
und zermartert sein Gehirn.

Doch sein Kopf scheint wie ein Stein,
denn ihm fällt partout nichts ein,
er kann es einfach nicht begreifen
und beginnt an sich zu zweifeln.

So ist es manchmal wie verhext,
auf dem Papier steht noch kein Text,
geschweige irgendein Gedicht,
das seine Sperre je durchbricht.

Große Angst ihn nun befällt,
mit Recht er sich die Frage stellt:
Muss ich mich heute nur beschränken,
oder kann mein Hirn nicht denken?

Leg doch mal eine Pause ein
und lass auch mal dein Dichten sein.
Versuche dich nun abzulenken,
dann wird dein Geist dich neu beschenken.

Lorbaß

Seit Stunden mühte sich die etwas dralle Hebamme ab, Mutter mit allerlei Übungen auf die Geburt vorzubereiten. Wenn ich später den Augenzeugen Glauben schenken konnte, tobte draußen einer dieser strengen Winter, wie er damals in Ostpreußen üblich war. Im Schlafzimmer aber war die Hitze inzwischen fast unerträglich geworden. Der Hebamme, Mutter und auch meinem Vater lief der Schweiß in Strömen das Gesicht herunter. Endlich schien die Bewegungstherapie Erfolg zu haben. „Pressen und schön atmen! Gleich haben wir es geschafft!“, kommandierte die etwas schwergewichtige Hebamme und wischte sich mit einer freien Windel die Stirne ab. Dann ging auf einmal alles rasend schnell. Ein lauter Schrei meiner Mutter kündigte meine Ankunft an. Mit Protestgebrüll erblickte ich das Licht der Welt.
„Oh Gott, der zweite Schmeling!“, rief die Hebamme, als sie mich in den Armen hielt. Auch nach dem Wiegen bestätigte sich ihr Ausruf. Zehn Pfund und 13 Gramm. „Da haben Sie ihr Prachtexemplar“, sagte die Hebamme und legte mich auf die Brust meiner Mutter.
Unter den Fittichen von Kindermädchen Hilde und meiner Schwester Barbara wuchs ich wohlgehütet heran. Schließlich lernte ich auch noch laufen, so dass ich endlich mein Leben alleine in die Hand nehmen konnte. Etwas stolpernd und tapsig erkundigte ich nach und nach fast jeden Winkel unsrer Wohnung. Das langte mir aber nicht. Ich nutzte jede nur erdenkliche Möglichkeit, um die Wohnung zu verlassen. Weit kam ich nicht.
Meine große Schwester, obwohl sie kleiner ist als ich, wachte über ihren Bruder und nach ein paar Freiheitsmetern brachte sie mich ins Haus zurück. Als ich dann schließlich auch meiner Sprache mächtig war und lernte, was ich mit ihr alles erreichen konnte, wehrte ich mich gegen die Attacken meiner Schwester mit lautem, anhaltenden Gebrüll. Sehr zum Unmut meiner Mutter, die sich

beim Klavierspielen gestört fühlte und meinen Vater bat, mit mir spazieren zu gehen. Da aber auch Vater anscheinend keine Lust verspürte, mit seinem Sprössling durch die Straßen zu ziehen, bat er meistens unser Kindermädchen, mir die Welt zu offenbaren. Natürlich meistens in Begleitung meiner großen Schwester. Ein Kreislauf ohne Ende.
Doch manchmal konnte Vater nicht kneifen und musste mich mitschleppen. Schließlich fand er sogar Gefallen daran, seinem Sohn die Stadt und seine imposanten Denkmäler zu zeigen. Angefangen von seinem Lieblingsort der Bibliothek, über die Universität, in der Vater studiert hatte, bis zu Café Maurer lernte ich alles kennen.
Ich dagegen liebte nur das Café indem ich meistens ein Eis und ein Stück Torte bekam, weil Vater in dem neu erworbenen Buch sofort schmökern wollte. Mir sollte es nur recht sein.
Wir wohnten damals ganz in der Nähe vom Königsberger Schlossteich. So war es nicht verwunderlich, dass unser Mädchen diesen gerne mit uns aufsuchte, weil es viel zu sehen gab und auch Studenten an den vielen Ständen und Cafés ihren Hunger stillten. Sie hoffte immer, einen reichen und studierten Freund kennenzulernen. Aber da sie uns ständig im Schlepptau hatte, biss niemand an.
In den Ferien unternahmen wir auch weitere Reisen. Da Großmutter aus einer Bauernfamilie in Drugthenen stammte und sie gerne mal wieder aufs Land wollte, ging es im Bus in die Prärie, wie Vater diesen Landstrich nannte. Bis nach Fischhausen fuhren wir im Zug. Am Bahnhof wartete bereits eine Kutsche mit zwei Pferden auf uns und ab ging es nach Drugthenen. An riesigen Feldern und Wiesen vorbei und durch dunkle Wälder. Wir Kinder aber liebten den Hof mit all den vielen Tieren. Es gab immer etwas Neues zu entdecken. Entweder hatten die Kühe gekalbt, die Gänse und Enten Nachwuchs erhalten oder es wurde geschlachtet. Während wir Kinder von Stall zu Stall rannten, saß Großmutter, unser Omchen, wie wir sie liebevoll nannten, träumend auf einer morschen Bank im Garten und sah sinnend in die Ferne. Woran sie wohl dachte? Aber irgendwann mussten wir zurück. Es fiel uns Kindern immer sehr schwer. Richtig toll fanden wir die Ausflüge an die See.

Die Großeltern hatten ein kleines Haus im Ostseebad Cranz gekauft, das wir gelegentlich nutzen konnten. Auch Mutter schien von der Aussicht, am Strand zu liegen und sich zu erholen angesteckt zu sein. Aufgeregt packte sie die Koffer und Taschen. „Hoffentlich habe ich nichts vergessen", sagte sie ständig.
Endlich ging es los. Alleine die Fahrt mit der Bimmelbahn war schon eine Reise wert. Vom Westbahnhof ratterte die Bahn mit Schnaufen und Zischen in Richtung Ostsee.
An jedem noch so kleinen Dorf quietschten kreischend die Bremsen und eine riesige Dampf- und Rauchwolke hüllte für einen Moment unseren Waggon ein. Immer mehr Leute stiegen zu und jede Art Vieh – Kühe, Gänse, Hühner, Enten und sogar Pferde – wurden verladen. Es war eine ungeheure Geräuschkulisse. Wieder und immer wieder bremste unser Zug, um neu Gäste aufzunehmen oder simple Milchkannen einzuladen. An jeder Station trillerte ein wichtiger uniformierter das Fertigsignal zur Weiterfahrt auf seiner Trillerpfeife und auf seiner Kelle erschien grünes Licht. Ich hing begeistert am Fenster und sog alle diese neuen Eindrücke in mich auf.
Endlich, nach einer guten Stunde, obwohl es nur dreißig Kilometer nach Cranz waren, kamen wir dort an. Natürlich wollten wir gleich zum Strand, aber Mutter bestand darauf, dass wir zuerst unsere Sachen auspacken sollten. Endlich war es soweit! Quer durch ein schmales Kiefernwäldchen, immer dem besonderen Geruch von Seeluft entgegen, stürmten wir zum Strand. Noch ein kurzer Anstieg über die Dünen und schon sahen wir das Wasser.
Jubelnd rutschten wir die Dünen herunter. Es war einfach herrlich hier. Der endlose weiße Strand, die Dünen und natürlich die Ostsee. Auch meine Schwester schien den selben Gedanken zu haben, denn sie fragte: „Mutter, warum ziehen wir nicht hier her?"
Das sollte schneller wahr werden, als uns lieb sein sollte. Der einsetzende Krieg sollte alles verändern. Vater wurde zum Militär eingezogen und kam nur noch sporadisch nach Hause. Wir mussten uns alle einschränken. Der Krieg machte Lebensmittel, Kleidung und Wohnungen knapp. Hauptsächlich in den Großstädten wie

Königsberg wurden erste Bombenangriffe geflogen und vieles zerstört. Auch für uns Kinder, inzwischen hatte Mutter ein weiteres Mädchen geboren, war die unbeschwerte, schöne Zeit jetzt ein mal zu Ende. Draußen war das Spielen fast unmöglich geworden und die vielen Ausflüge endgültig vorbei. Es dauerte nur wenige Wochen, bis ständige Luftangriffe, Bombenabwürfe, verstopfte Straßen und brennende Häuser das Leben in Königsberg zum Risiko werden ließ. Bei Vaters letztem Heimaturlaub beschlossen wir deshalb, nach Cranz umzusiedeln. Noch fuhr die Bahn. Wir packten nur das Nötigste in Taschen und Koffer und verließen Königsberg fluchtartig. Wir bekamen in einem Haus die untere Wohnung zugewiesen. Das Wochenendhaus meines Großvaters hatte schon beim ersten Bombenbeschuss das Zeitliche gesegnet, während oben ein alleinstehender Herr wohnte. Er hieß Jonathan mit Vornamen – den Nachnamen habe ich vergessen.

Und obwohl wir unten wohnten, hatte Jonathan die Herrschaft über die wenigen Obstbäume. Er hegte und pflegte sie und erntete natürlich auch. Wir Kinder durften nur auf einem abgesteckten Stückchen Rasen spielen.

Als wieder einmal die Apfelbäume voller Früchte hingen, sie leuchteten in der Mittagssonne gelbrot und verlockend, wagte ich sechsjähriger Steppke den großen Schritt. Meine beiden Schwestern, ich weiß nicht mehr, ob sie mich dazu angestiftet hatten, warteten in gehöriger Entfernung gespannt auf mein Unternehmen. Die Versuchung war riesengroß. An einem der tiefhängenden Äste lockte ein besonders schönes Exemplar. Schnell griff ich zu und wollte weglaufen, als ich plötzlich an meinen beiden Ohren ein schmerzhaftes Ziehen verspürte. Schon hörte ich, wie Jonathan, die Stimme kannte ich ja schon zur Genüge, wütend schrie: „Du Lorbaß, dir werd Moritz lehren!“, und zog dabei meine Ohren in die Länge.

Ich schrie während mir die Tränen in die Augen schossen, entleerte sich auch meine Blase. Meine kurzen Hosen erleichterten einen fast ungehinderten Strahl auf Jonathans blank geputzten Stiefel. Gott sei Dank kam durch das Geschrei meiner Schwestern Vater-

herausgerannt und befreite mich aus den Klauen meines Peinigers. Aber den Apfel hatte mir Jonathan entrissen.

Im Frühjahr 1944 wurde ich, trotz der Turbulenzen durch den Krieg, noch eingeschult.
Doch schon wenige Monate später, ich glaube es war November, brannte die Schule bis auf die Grundmauern nieder. Russische Granaten hatten ganze Arbeit geleistet.

Es war Winter 1944. Die Kurische Nehrung war längst zugefroren und der Krieg hatte auch seine Spuren in Cranz hinterlassen. Es war einer dieser üblichen strengen Winter in Ostpreußen. Es schneite ohne Unterbrechung und es war bitterkalt. Wir waren noch einmal umgezogen und im Januar 1945 durfte ich noch meinen siebenten Geburtstag in Cranz feiern. Es war ein trauriger Geburtstag.
Schon zwei Tage vorher verließen wir fluchtartig Ostpreußen. Da der Russe nur noch wenige Kilometer entfernt war und sämtliche Straßen besetzt hatte, blieb uns nur die Flucht über das zugefrorene Haff. Es war grausam. An der Hand eines deutschen Soldaten unserer Einquartierung, von russischen Tieffliegern beschossen, rannten wir um unser Leben. Links und rechts lagen Leichen und Verletzte. Aber wir rannten immer nur weiter. Wer stehen blieb, war verloren!
Endlich, nach Stunden und Tagen, erreichten wir Pillau, wurden auf ein Schiff gepfercht und gelangten schließlich in die Freiheit.
Freiheit? Was immer man darunter verstehen mag, für uns war es auch Jahre nach unserer Flucht keine Freiheit. Zwar war der Krieg zu Ende und wir mussten nicht mehr flüchten und um unser Leben bangen, aber in Freiheit lebten wir dennoch nicht.
Wir hatten unseren Vater, unsere Heimat verloren, waren monatelang im Flüchtlingslager und mussten schließlich in dem neuen Zuhause Ablehnung und sogar Hass erfahren. Wir waren zwar Deutsche, aber als Flüchtlinge wurden wir wie unerwünschte Ausländer behandelt.

Das zeigte sich in vielen kleinen und großen Dingen. Wir wurden gehänselt, verprügelt und beschuldigt gestohlen zu haben. Uns Kindern wurden die Butterbrote gestohlen, die Schulbücher entwendet und die notdürftig zusammengenähten Bekleidungsgegenstände zerrissen. Es war ein Spießrutenlaufen ohne Ende.
Erst als wir langsam aus den Kinderschuhen herauswuchsen und im Beruf gute Leistungen erbrachten, änderte sich langsam das Verhalten der anderen.

Sportliche Aktivitäten

Nur die Leistung zählt

Als Kind hat man bei dir entdeckt:
Für den Sport hast du Talent,
wenn man noch Ehrgeiz in dir weckt,
man irgendwann dich kennt.

Kommt der Erfolg dann auch bei dir,
und mit dem Ansehen auch das Geld,
denn alles zieht dich in den Bann,
weil es dem Ego sehr gefällt.

Bist du plötzlich dann verletzt
und häufen sich dann die Blessuren,
dein Sponsor so was gar nicht schätzt
und er verlässt oft deine Spuren.

Ist die Karriere erst vorbei
und kannst den Sport nicht mehr betreiben,
auch dein Trainer gibt dich frei,
wird vom Ruhm dir nichts mehr bleiben.

Deine Knochen sind kaputt,
im Grunde hast du nichts erreicht,
auch die Pokale werden Schutt
und dein Sportlerruhm verbleicht.

Das runde Leder

Die Euphorie ums runde Leder,
das weiß doch heutzutage jeder,
verlässt auch manches Mal die Luft
und aller Überschwang verpufft.

Schlag keinen Salto – auch nicht mortale,
gewöhn dich lieber ans Normale,
auch Fußballspieler sind nur Menschen
und geraten mal an Grenzen.

Spiel fair und werde nicht gemein,
fall nicht hin – auch nicht zum Schein,
komm runter von der hohen Warte,
sonst zeigt man dir die rote Karte.

Wenn dann das Spielen mal zu Ende,
erfährt dein Leben eine Wende.
Nur Abseits wird es immer geben,
auch in dem normalen Leben.

Die Leiden eines Trainers

Du hast die Spieler gut trainiert,
doch leider nicht auch garantiert,
dass die Spieler Leistung bringen
und die Spiele auch gelingen.

Beginnt das Spiel, kannst du oft sehen,
es läuft ganz anders das Geschehen,
der Spieler übers Training lacht,
was du ihm so beigebracht.

Du springst am Rande auf und nieder
und sträubst oft wütend dein Gefieder,
schreist zornig übers ganze Feld
und drohst mit dem Entzug von Geld.

Doch niemand stört dein Wutausbruch
und plötzlich hast du dann genug,
du wechselst einen Spieler aus
und machst ihm wütend den Garaus.

Vorbei ist schließlich die Geduld,
denn auch der Schiri hat jetzt Schuld,
er zeigt dir Rot und zur Tribüne,
denn er verhängt dir damit Sühne.

Geht dieses Spiel dann auch verloren,
bleibst auch du nicht ungeschoren,
du kannst es immer noch nicht fassen,
man schmeißt dich raus – du bist entlassen!

Ring frei

Wer in den Ring steigt, will es wagen,
sich mit anderen zu schlagen,
sie prügeln sich zwölf Runden lang,
die Schlacht ist aus, na, Gott, sei Dank.

Die Augen zu und blutverschmiert,
er blinzelnd auf den Gegner stiert
und mit gebroch'nem Nasenbein,
hast du verloren, siehst du ein.

Grün und blau nimmst du den Scheck,
denn dieser heiligt auch den Zweck.
Doch ist erst die Gesundheit hin,
fehlt dir zum Boxen dann der Sinn.

Gelbe Karte

Es jubeln Fans in allen Staaten,
wenn ihre Mannschaft Tore schießt,
doch wenn es mehr die andern taten,
sich dann der Frust in Wut ergießt.

Ein jeder ist der beste Schütze,
die Regeln kennen alle gut,
doch trägst du nicht die richt'ge Mütze,
reizt du den Gegner bis aufs Blut.

Sie treten, spucken oder schlagen,
stets ohne Rücksicht auf Verluste,
nur weil sie nicht die Farben tragen,
und man randalieren musste.

Fußball heißt das Zauberwort,
es begeistert stets die Massen,
hier treiben zweiundzwanzig Sport
und füllen dem Verein die Kassen.

Doch auch die Spieler auf dem Feld
treten, schlagen oder spucken,
und erhalten auch noch Geld,
ihr Reden kann man selten drucken.

Zu hoch bezahlte Spielerbeine
foulen ohne Unterlass
und benehmen sich wie Schweine,
sie knutschen, wälzen sich im Gras.

Trifft endlich mal der Ball ins Tor,
dann tanzen sie und küssen sich
und führen Urwaldtänze vor;
haben die nicht einen Stich?

Was früher war ein Privileg,
für seinen Staat auch aufzulaufen,
pflastert Geld nur diesen Weg
und jeder Spieler lässt sich kaufen.

Es gibt im Sport keine Barriere,
denn der Geldsack ist sehr voll
und keinem ist es eine Ehre,
hier wären gelbe Karten toll.

Daheim und in der Ferne

Ferne Heimat

Ostpreußen, du schönes Land,
wie hast du trotz der vielen Bitten
durch des Feindes harte Hand
doch so fürchterlich gelitten.

Was einst in voller Blüte stand,
wurde grausam dann zerstört,
doch du bleibst mein Heimatland,
hast auch niemals aufgehört.

Der Krieg hat uns vertrieben,
auch verloren Hab und Gut,
es ist uns nichts geblieben,
außer meines Herzens Glut.

Verblasst ist zwar das Leid,
und viele Bilder sind verschwunden,
die Heimat fern und weit
und geheilt sind manche Wunden.

Dich Heimat werd ich nicht vergessen,
wo einstmals meine Wiege stand,
und niemand kann es je ermessen,
warum du jetzt in Feindes Hand.

Ade, Ostpreußen

Wo ich einst geboren,
da ist mein Vaterland,
doch hab ich es verloren,
durch einen Völkerbrand.

Nur kurze Kinderjahre,
in der die Erde bebt,
Gott, der Herr bewahre,
was ich dort erlebt.

Zerstört sind alle Orte,
ermordet Mensch und Tier,
es fehlen mir die Worte,
denn es geschah aus Gier.

Der Krieg hat mich vertrieben,
den Vater mir genommen,
es ist mir nichts geblieben,
die Heimat fern – verschwommen.

Friesengeist

Im Norden an der Waterkant,*
der Friese sein Zuhause fand.
Der blanke Hans ihn niemals schreckte,
weil der Deich ihn gut versteckte.

Ein Menschenschlag mit sehr viel Herz
sie tragen oft Ostfriesennerz**
und sprechen Hochdeutsch oder Platt,
ihr ganzer Reichtum ist das Watt.

Die Friesen lieben frische Luft
doch manchmal auch den Gülleduft,***
das Meer, dazu den weißen Strand
und das weite, flache Land.

Sie trinken Tee zu jeder Stunde,
auch Grünkohl ist in aller Munde
und zum Mittag auf den Tisch,
gehört nun einfach frischer Fisch.

Drum leben hier die Friesen gerne
und streben selten in die Ferne,
für sie ist dieses Land das beste
und auch für viele Urlaubsgäste.

Erklärung:
* An der See
** Gelbe Regenjacke
*** Jauchengeruch

Urlaubsplanung

Wenn andre schon den Urlaub buchen,
erwartungsvoll auf Ferien warten,
fängst du erst grade an zu suchen,
denn du bliebst bisher im Garten.

Doch dieses Jahr willst du verreisen
und gerne mal das Ausland sehen,
bei edlem Wein und tollen Speisen,
vielleicht auch ins Museum gehen.

Du holst dir erst einmal Prospekte,
um eine Reise auszusuchen,
doch schon der Preis dich gleich erschreckte,
es fällt dir schwer etwas zu buchen.

Dort scheint die Sonne dir zu selten,
dich stören auch die tiefen Schluchten
und die Gesetze, die dort gelten,
dich ärgert alles, auch die Buchten.

Am Ende stellst du heiter fest,
auch hier kannst du dich gut erholen,
die Reise du jetzt fallen lässt
und außerdem sparst du die Kohlen!

Die Anreise

Du freust dich auf die Urlaubsreise
und sehnst das ferne Ziel herbei,
doch geht die Fahrt durch eine Schneise,
die Autobahn ist noch nicht frei.

Die Autobahn, drei Spuren breit,
auf ihr ist jeder Zeit gut fahren,
nur leider nicht zur Urlaubszeit,
das erleb ich schon seit Jahren.

Schon aus Prinzip wird jedes Jahr
die Straßendecke aufgerissen,
sie soll so werden, wie sie war,
doch wird sie wieder nur bescheiden.

Es wird gebaggert und geteert,
abgerissen und gebaut,
wer trotzdem dann in Urlaub fährt,
der wird geärgert und gestaut.

So soll dann trotzdem auf den Straßen
noch kommen eine neue Maut,
ich kann es immer noch nicht fassen,
was der Politiker sich traut.

Für uns ist Urlaub sehr, sehr wichtig,
an der See und in Natur,
nur ist auch Erholung richtig
und nicht zu schleichen in der Spur.

Im eignen Land

Ist es Sommer im Kalender,
zieht man sich was Leichtes an
und verreist in ferne Länder,
wo man Sonne tanken kann.

Dort sind fast dreizig heiße Grad,
die Luft ist dick, du atmest schwer,
auch das Essen schmeckt oft fad
und es gefällt dir auch nicht mehr.

Drum bleibe hier im eignen Land,
mit vollen Straßen und viel Staus,
denn hier gibt es ’nen Badestrand,
sogar die Bäume schlagen aus.

Auch hier scheint ab und zu die Sonne,
und es weht ein kühler Wind,
auch hier wird Urlaub stets zur Wonne,
das weiß doch schließlich jedes Kind.

Das Eigenheim

Wohnst Du zur Miete in der Stadt,
und bist noch jung an Jahren,
hast irgendwann die Miete satt,
du solltest tüchtig sparen.

Nimm dir Zeit, spar mit Bedacht,
um ein Haus zu planen
und spar in Zukunft dir die Pacht,
auch des Mieters Mahnen.

Hast du erreicht einmal dein Ziel
für ein eignes Haus,
dann überlege nicht mehr viel,
gib dein Gespartes aus.

Denn Immobilien sind jetzt in
und kommt auch Arbeit auf dich zu,
am Ende ist es ein Gewinn
und du hast deine Ruh.

Die Parzelle

Für dein eignes Haus mit Garten
reicht noch nicht der Geldbestand,
denn du musst sparen und noch warten
auf ein eignes Fleckchen Land.

Du sparst so für ein Stückchen Erde,
aus Liebe zu der eignen Scholle,
damit darauf ein Schmuckstück werde,
und auch ein Acker für die Knolle.

Vorerst bleibt es beim Schrebergarten,
mit Laube und mit deinem Teich,
das Häuschen muss vorerst noch warten
in deinem neu erworbenen Reich.

Du werkelst darin früh bis spät,
legst Beete an, säst aus den Samen,
und als die Sonne untergeht,
streichst du auch noch die Fensterrahmen.

Doch dein Stolz gilt den Tomaten,
wenn du sie anschaust, strahlt die Miene,
denn mit den Gurken und Salaten
hast du genügend Vitamine.

Alles wächst, blüht und gedeiht;
Sträucher, Büsche, Blumen sprießen,
du sitzt im Garten wie befreit
und kannst so alles sehr genießen.

Putztag

Am Samstag – jede Woche neu,
wird die Wohnung aufgehellt,
da sind sich alle Frauen treu,
wenn alles auf den Kopf gestellt.

An diesem Tag ergreif die Flucht,
du bist im Weg, geh lieber raus,
denn Hausputz ist wie eine Sucht,
und alles schwimmt in deinem Haus.

Dein Heim, gemütlich wie es war,
ist verwüstet und auch nass,
darum sei klug und mach dich rar,
im Haus vergeht dir sonst der Spaß.

Nichts steht mehr an dem alten Platz
und alle Fenster aufgerissen,
dort mittendrin wirbelt dein Schatz,
sie wird dich leider nicht vermissen.

Nimm diesen Tag stets mit Humor,
hab auch Verständnis für dein Weib,
auch wenn es manchmal stinkt nach Chlor,
sie macht es nicht aus Zeitvertreib.

Am Kamin

Draußen ist es bitter kalt,
im nahen See liegt Schnee und Eis,
der Hagel an die Scheiben knallt,
der Winter naht, wie jeder weiß.

Niemand geht mehr aus dem Haus,
denn keiner will vor Kälte beben,
wer nicht muss, geht auch nicht raus,
den Wintern zu erleben.

Lieber in der warmen Stube sitzen,
eingehüllt in eine Decke,
vielleicht auch basteln oder schnitzen,
am Kamin, gleich in der Ecke.

Auf der bequemen Ofenbank,
in der Hand ein gutes Buch,
so sitzt du gerne – stundenlang.
Nur bitte diesmal kein Besuch!

Träumend schaust du in die Glut
und riechst den frischen Kaffeeduft.
Du stellst fest: Es geht dir gut,
wenn dich mal keine Arbeit ruft.

Do it your self

Gertrud Wagner ärgerte sich! Ihr feuerroter Kopf ließ vermuten, dass sie sich nur mühsam beherrschte. Ihr Mann Hubert schien aber nichts zu bemerken. Er aß in aller Seelenruhe sein Brötchen und las die Zeitung. Plötzlich, wie aus heiterem Himmel, brach es aus Gertrud heraus:

„Es ist jedes Jahr das Gleiche! Kannst du nicht rechtzeitig einen Baum besorgen? Muss ich mich denn um alles selber kümmern? Ich habe doch wahrlich genug zu tun!"

Ihre Stimme grollte gefährlich ...

Hubert schreckte hoch. Entgeistert starrte er seine bessere Ehehälfte an. Diesen Ton kannte er zur Genüge. Er hatte so seine Erfahrungen mit seiner lieben Frau und wehrte deshalb sofort ab.

„Nee, is schon gut, ich geh ja schon!"

Fast fluchtartig verließ er deshalb auch die warme Stube und zog, wenn auch leise fluchend, seine Jacke an.

„Was heisst das – is ja schon gut?", äffte Gertrud ihm wütend nach. Doch Hubert reagierte darauf nicht mehr. Wenn er jetzt noch etwas gesagt hätte, wäre seine Gertrud übergelaufen und wahrscheinlich explodiert.

Es war lausig kalt und glatt. Nur mühsam hielt er sich auf den Beinen. „Verdammt", fluchte er vor sich hin, als er sich fast hingelegt hatte und schlitterte weiter. Total geschafft und durchgefroren erreichte er schließlich die Gärtnerei.

Es herrschte noch reger Betrieb. Anscheinend gab es noch mehr Leute, die im letzten Moment einen Baum kauften. Das beruhigte ihn.

Suchend schaute er sich um und atmete einmal kräftig durch. Plötzlich streckte er seine Nase schnüffelnd in den Wind. Das war doch ... Richtig! Den Geruch kannte er. Grog!

Nun gab es kein Halten mehr. Immer seiner Nase folgend, erreichte er inmitten unzähliger Tannen die dicht belagerte Grogbude. Die-

ser Duft! Einer kann nicht schaden, dachte er und genehmigte sich ein Glas. Nur zum Aufwärmen, verteidigte er sich in Gedanken. Wohlig rann der Alkohol durch den Körper und ließ ihn Gertrud vergessen. Das Gute daran war, dass er nichts zu bezahlen brauchte. „Dienst am Kunden", hauchte die dralle Ausschankhilfe ihn an. Eine gewaltige Fahne wehte im gleichen Augenblick zu ihm herüber. Anscheinend brauchte sie den Alkohol am nötigsten.
Dem ersten Glas folgte ein zweites und drittes. Hubert fühlte sich pudelwohl. Als dann noch ein Bekannter auftauchte, machte ein weiteres Glas die Runde. Der Ärger mit Gertrud war vergessen. Leider auch der Baum!
Sein Saufkumpan sagte plötzlich: „Ich muss weiter. Du kennst ja die Frauen. Schöne Weihnachten."
„Au Backe", entfuhr es Hubert und er erinnerte sich plötzlich an den Grund seines unfreiwilligen Ausfluges.
„Ich mu..., muss los, meine Sch-Schöne", lallte er stotternd und winkte der Frau etwas unbeholfen zum Abschied zu. Wie durch eine Nebelwand torkelte er anschließend durch die noch übrig gebliebenen Tannen. Endlich schien er den richtigen Baum gefunden zu haben. Er zerrte ihn zum Ausgang.
Der Gärtner stoppte ihn und besah sich das Fragment einer Tanne. Mitfühlend sagte er: „Soll ich ihnen einen anderen Baum aussuchen? Diese verkaufe ich ihnen nicht!"
Aber Hubert ritt der Teufel und der Alkohol!
Er beharrte stur auf die Tanne und blaffte zornig:
„Ich will diesen Ba... Der ist wunder ...!"
Er suchte verzweifelt nach dem passenden Wort und hielt sich krampfhaft an dem Baum fest.
„Dein Wille geschehe", murmelte der Gärtner ergeben und dem Anlass entsprechend. Er kassierte und wandte sich ab. Hubert machte sich auf den Heimweg. Gertrud, die am Fenster schon auf ihn gewartet hatte, eilte ihm entgegen.
„Wo bleibst du nur? Ich habe mir schon Sorgen gemacht!"
Doch bevor er noch eine Antwort geben konnte, roch Gertrud die Alkoholfahne.

„Das hätte ich mir ja denken können. Kannst du nicht ein einziges Mal ohne Alkohol auskommen? Ich schufte, damit alles zum Fest fertig ist und der gnädige Herr betrinkt sich!“
Sie wollte gerade wütend davonrennen, als ihr Blick den Baum erfasste. Sie wurde im Zusehen blass und blasser.
„Was hast du nur wieder angestellt“, zeterte sie zornig. „Das ist kein Baum, das ist eine Krücke! Der kommt mir nicht ins Haus!“
Sie schnappte wütend nach Luft.
„Sieh zu, wie du es anstellst. Ich möchte einen vernünftigen Tannenbaum!“ Sie ließ den belämmerten Ehemann einfach stehen und rannte ins Haus.
Hubert hatte mit gesenktem Kopf die Predigt seiner Gertrud schweigend über sich ergehen lassen. Er kannte sie. Hier war jede Antwort von ihm nur Nahrung für weiteres Gezeter.
Nur ganz langsam wurde ihm bewusst, was seine bessere Ehehälfte gerade zu ihm gesagt hatte.
Aber was tun? Mühsam setzten sich seine Gehirnwindungen in Bewegung. Er merkte plötzlich wieder die eisige Kälte.
„Ich geh nicht noch mal los“, sprach er sich laut Mut zu.
Dann plötzlich erhellte sich sein Gesicht und er grinste spitzbübisch. „Das ist es!“
Zielstrebig steuerte er zum Geräteschuppen. Hier suchte er eine Säge, Hammer und einige Nägel. Schließlich schnappte er sich noch die Trittleiter. So bewaffnet schwankte er auf die große Tanne im Vorgarten zu. Er stellte die Trittleiter auf, hängte sich die Säge an den Gürtel und stieg vorsichtig in die Höhe. Seine ruckartigen Bewegungen hatten etwas Groteskes an sich. Er schien immer kurz vor dem Absturz zu stehen.
Gut, dass niemand zusah!
Als er sich endlich im Griff hatte, begann er die Spitze der Tanne zu bearbeiten. Nach einigen vergeblichen Ansätzen, kippte die Spitze schließlich langsam zur Erde. Leider hatte sich Hubert an dem Stamm festgehalten. Ohne Halt kippte auch er langsam zur Seite und landete unsanft, aber ohne weiteren Schaden auf dem schneebedeckten Boden.

Wie sagt man so schön, Kinder und Betrunkene haben einen besonderen Schutzengel. Auch Hubert!
Leise fluchend erhob er sich und rieb sich mit schmerzverzehrtem Gesicht sein Hinterteil.
Plötzlich schneite es wieder. Er beeilte sich. Von der verkrüppelten Tanne sägte er den geraden Teil aus der Spitze ab und erklomm noch einmal die Leiter. Vorsichtig setzte er die Spitze auf den abgesägten Stamm. Mit klammen Fingern schlug er einige Nägel in die beiden Enden und befestigte notdürftig die beiden Tannenenden. Dann stieg er schnell wieder runter.
Den so neu gewonnenen Tannenbaum schraubte er auf einen Fuß und beseitigte alle verräterischen Spuren.
Mittlerweile hatte sich der Alkohol verflogen. Er fror und sehnte sich nach dem Kamin und einem warmen Essen.
Mit dem Baum bewaffnet betrat er freudig grinsend die Wohnung. „Na, ist das ein Baum?", fragte er herausfordernd seine Frau. „Sieht er nicht prima aus?"
Bevor Gertrud ihn fragen konnte, woher der Baum war, redete er schnell weiter:
„Das riecht hier so gut", und schnupperte anerkennend.
Gertrud fühlte sich geschmeichelt und sprang sofort darauf an.
„Willst du mal kosten?"
Schon füllte sie ihm einen großen Teller mit einer köstlichen Hühnersuppe.
Nichts war mehr von dem Ärger zu spüren. Beide tranken später ihren Kaffee und schauten sich eine Sendung im Fernsehen an.
Leider hatte Gertrud plötzlich einen furchtbaren Einfall. „Hatten wir nicht immer eine Lichterkette an der Tanne im Garten?", fragte sie scheinheilig. Als Hubert bewusst nicht reagierte, redete sie weiter: „Das sah immer so gut aus! Könntest du nicht?"
Hubert kannte sie genau. Es half alles nichts, er musste nun etwas sagen. „Es schneit doch! Und wo ist die Kette eigentlich", versuchte er einen letzten vergeblichen Versuch um das Anbringen herumzukommen. Aber ein Blick in ihr Gesicht verhieß nichts Gutes. „Ja Gertrud, ich bring sie noch an!" Er erhob sich mühsam und trot-

tete nach draußen. Wieder erklomm Hubert die Trittleiter und brachte die Lichter an die nur notdürftig reparierte Tanne. Endlich hatte er es geschafft. Gertrud, die ihn vom Fenster beobachtete, sah plötzlich, wie sich im Zeitlupentempo die Tanne langsam neigte und mitsamt ihrem holden Mann zu Boden krachte.
„Mein Gott!“, schrie sie entsetzt und lief schnell zu ihrem Mann. Der hatte sich wieder erhoben und rieb sich schmerzhaft die Hüfte.
„Hast du dir weh getan?“, fragte sie Hubert mitfühlend.
Doch dann sah sie den abgesägten Stamm und ihre Augen sprühten Blitze.
„Wie konntest du nur! Deswegen wolltest du nicht in den Garten.“
Als er ihr notgedrungen alles beichtete und sie in sein schuldbewusstes Gesicht sah, musste sie plötzlich herzhaft lachen.
Er stimmte mit ein. Aller Ärger war vergessen.
Voller Eintracht verlebten sie nun doch noch frohe und angenehme Weihnachten unter ihrem eigenen Spitzen-Weihnachtsbaum.

Ein Hoch auf die Gesundheit

Na, wie geht es uns?

Sie haben nichts – sie sind gesund,
so lautet oft der Arztbefund,
doch hat der Arzt dabei vergessen,
auch seinen Puls mal nachzumessen,
denn grade er sieht leidend aus,
auch hier, direkt im Krankenhaus.
Und was bei dir Verwirrung schafft:
Es sagt dir der Arzt sehr gönnerhaft
„Wir müssen heute etwas essen
und unsre Pillen nicht vergessen."
Du schluckst brav Pillen und Fisch,
nur der Arzt kommt nicht zu Tisch.

Als dann die Nachtschwester erscheint
und ermunternd zu dir meint:
„Wir müssen aber schlafen gehen!"
Doch dies war leider ein Versehen,
sie denkt nicht dran, sich hinzulegen,
sie lässt sich nicht dazu bewegen.

Am nächsten Morgen geht es weiter,
dir sagt die Oberschwester heiter:
„Es kann uns beiden gar nicht schaden,
wenn wir heute einmal baden."
Auch hier wird es sich wieder zeigen,
du musst allein ins Wasser steigen.

Irgendwann wirst du entlassen,
du kannst dein Glück noch gar nicht fassen.
Was dir der Arzt dann offeriert:
„Endlich sind wir jetzt kuriert."

Reif für eine Kur

Du fühlst dich müde und geschafft,
auch deine Arbeit schaffst du nicht,
dir fehlt zu allem auch die Kraft
und manchmal plagt dich auch die Gicht.

So rät man dir: Mach eine Kur,
um wirklich einmal auszuspannen,
erfreue dich an der Natur,
um den Stress jetzt zu verbannen.

So verschickt dich deine Kasse,
denn du bist auch noch zu dick,
zu reduzieren deine Masse,
damit du wieder schlank und chic.

Der Arzt setzt dich auf Nulldiät
und du musst laufen, Wasser treten,
du bist im Stress von früh bis spät,
im Bett, da kannst du nur noch beten.

Und jeden Mittag nur Salat,
Möhren, Obst, Radieschen, Dinkel
liegen vor dir stets parat.
Du kommst dir vor wie ein Karnickel.

Dann kehrst du gut erholt zurück,
doch nach den ersten Arbeitstagen,
ist es vorbei mit deinem Glück,
und es beginnt erneut das Plagen.

Nicht ernst gemeint

Wer den Krankenstand beklagt
und oft den Grund dafür nicht findet,
dem sei hier deutlich mal gesagt,
dass durch die Liebe man erblindet.

Auch das Herz ist in Gefahr,
wenn man von der Liebe spricht,
denn macht sich mal der Partner rar,
dann das Herz vor Kummer bricht.

Wenn es juckt

Wenn es mal juckt und heftig kneift
an Beinen, Armen und am Po,
ist es nicht Ausschlag, der da reift,
sondern ein ganz gemeiner Floh.

Er macht das Leben dir zur Qual,
doch willst du ihn beim Schopfe packen,
lässt er dir nur die eine Wahl,
du musst ihn fangen und dann knacken.

Der Infekt

Die Grippe naht, zuerst mit Schnupfen,
dann Husten und auch Heiserkeit;
durch stetes Schnauben und Betupfen,
wird es deiner Nase leid.

Dann läuft die Nase wie ein Fluss,
wird schließlich purpurrot und wund,
niemand will von dir 'nen Kuss
und du hechelst wie ein Hund.

Zur Apotheke, die noch offen,
läufst du, ein Gegenmittel kaufen,
für deine Nase, die betroffen,
denn die soll nicht mehr weiter laufen.

Der Apotheker mixt, probiert,
ein Kräutertonikum und Saft,
vielleicht wirst du dadurch kuriert
und dir auch Linderung verschafft.

Vollgepumpt mit all den Sachen,
treibt es dich sofort ins Bett,
es scheint ein Fieber sich entfachen,
denn es geht dir gar nicht nett.

Nach Tagen bist du dann gesund,
doch es hat dich mitgenommen,
die letzte Pille in dem Mund,
wird dir auch noch gut bekommen.

Dränage

Der Mensch besteht fast nur aus Wasser,
sehr gut verteilt auf alle Glieder,
doch wirkt er dadurch nicht mehr nasser,
nur manchmal drückt die Flut ihn nieder.

Denn hast du Wasser in den Beinen,
kein Hahn am Zeh – es läuft nicht ab,
auch nicht durch Kopfstand oder Weinen,
es werden nur die Socken knapp.

Leg nicht Dränage, wie im Garten,
denn dieser Plan ist hoffnungslos,
auch sollst du nicht auf Wunder warten,
obwohl der Wasserdruck sehr groß.

Doch willst du diese Flut beenden,
und deinen Kreislauf auch anregen,
nimm den Masseur mit seinen Händen,
er drückt und knetet stets dagegen.

Für eine ziemlich kurze Zeit,
bist du von deiner Last befreit,
nur hast du dich zu früh gefreut,
denn das Wasser fließt erneut.

Zahnschmerzen

Wenn Tränen aus den Augen fließen,
weil Heiß und Kaltes dich sehr schmerzt
und Nervenpein in Zähne schießen,
dann sei tapfer und beherzt.

Wenn die Pein dann riesengroß
und die Angst dich ganz umfängt,
wenn in der Kehle steckt ein Kloß,
dann dich dein Weg zum Zahnarzt lenkt.

Du hörst im Wartezimmer Jammern,
auf einmal fehlt dir dann der Mut,
auch Kinder sich an Mütter klammern
und plötzlich geht 's dir wieder gut.

Auch deine Schmerzen lassen nach,
du stehst auf und willst schnell gehen,
auch nervt vom Bohren dich der Krach,
als dich die Schwestern plötzlich sehen.

Herr Hansen! Bitte, sie sind dran!
Ergeben gehst du einfach mit,
erneut brüllt jetzt dein Backenzahn,
dein Herz dir in die Hose glitt.

Du liegst im Stuhl, der dir verhasst,
der Arzt nach einer Zange greift,
du merkst, wie du vor Angst erblasst,
dein ganzer Körper sich versteift.

Der Zahnarzt schaut in deinen Mund,
vor Grauen schließt du schnell die Augen,
der Zahn muss raus, tut er dir kund
und prüft, ob noch die andern taugen.

Der Kampf beginnt, ein Stich – er spritzt
und sagt: Es wird noch etwas dauern,
schnell er ins Nebenzimmer flitzt,
ein lauter Schrei lässt dich erschauern.

Allein im Raum schwörst du bestimmt:
Ich putze immer meine Zähne.
Der Arzt erscheint – die Zange nimmt
und beendet deine Pläne.

Die Schwester hält dich eisern fest,
der Doktor zieht – es rinnt der Schweiß,
es bricht der Zahn, dann folgt der Rest,
auch Schwerstarbeit hat ihren Preis.

Die Schmerzen schwinden und sind weg,
auch einer deiner Weisheitszähne
und auch ein riesengroßer Scheck,
schon wieder rinnt dir eine Träne.

Wenn es zwickt

Unverhofft, doch äußerst kräftig,
zwickt und kneift es irgendwo
und du kratzt dich ziemlich heftig,
doch du weißt, es ist kein Floh.

Schockierst hörst du bewusst nach innen,
betastet dich an Bauch und Bein,
der Schmerz macht dich jetzt wie von Sinnen,
du überlegst, was kann es sein?

Erneut zuckst du entsetzt zusammen
und krümmst dich plötzlich auch,
es brennt und lodert, wie mit Flammen,
in deinem wunden, armen Bauch.

Du schleppst dich hin zum Telefon
und rufst aus Angst den Notarzt an,
schilderst bibbernd das Symptom
und fragst noch, ob er kommen kann.

Es kommt dir vor, nach vielen Stunden,
klingelt es – der Arzt ist da,
der Schmerz ist plötzlich ganz verschwunden,
du kannst nur schildern, was geschah.

Der Arzt verschreibt dir trotzdem Pillen,
für den so arg geplagten Magen,
die sollen dann die Schmerzen stillen,
wenn die dich plötzlich wieder plagen.

Nebenwirkung

Die Krankheit ist ein Teil vom Leben,
deswegen leiden viele Not,
weil alle nach Gesundheit streben,
der Staat oft mit Reformen droht.

So stellt dir gegen deinen Willen
der Staat mit Absicht oft ein Bein
und verschreibt dir bittre Pillen,
dadurch wirst du krank und klein.

Beim Arztbesuch und den Arzneien
bestimmt der Staat, wer was kassiert,
davon kann niemand sich befreien,
auch wenn du Nebenwirkung spürst.

So wachsen nur die Krankenkassen,
denn versichert sind die meisten
und so mancher muss da passen,
wer kann sich noch Gesundheit leisten?

Du wirst geschröpft bis zum Erbleichen,
die Existenz ist in Gefahr,
du kannst Gesundheit nur erreichen,
indem du alles zahlst in bar.

Engel sind auch nur Menschen

Wenn dich das Leben schwer getroffen,
du lebst vom Beten und vom Hoffen,
wenn dich die Not zu Boden drückt
und dir fast gar nichts mehr glückt,
dann Gott dir einen Engel sendet,
der alles dir zum Guten wendet.

Wenn ich den Engel dann auch sehe,
dann sind es Freunde in der Nähe.

Können Schmetterlinge weinen?

Es war ein ständiger Kampf. Bisher nur mit Worten. Gott sei Dank! Einige Male hatte Kurt drohend die Hand gehoben. Soweit durfte es nicht kommen. Auf gar keinen Fall! Wir stritten immer häufiger.

Jeder kleine Anlass war uns recht. Kurt liebte die Bequemlichkeit. Regelmäßige Mahlzeiten, eine liebevolle Ehefrau und seine Ruhe. Wenn alles nach seinen Vorstellungen ablief, konnte er der beste Ehemann sein.

Ich konnte und wollte seine Ansprüche nicht mehr erfüllen. Wir redeten kaum noch miteinander. Wozu auch? Für ihn war ja alles in schönster Ordnung.

Und Freunde? Die hatten sich schon seit geraumer Zeit zurückgezogen. Wer konnte es ihnen verdenken? Wir stritten ständig.

Unsere Ehe war am Ende!

Sexuelle Kontakte gab es schon lange nicht mehr. Mir war es nur lieb! Jede Berührung wurde zu einer Qual für mich. So ging es einfach nicht mehr weiter. Ich wollte und musste einen Schlussstrich ziehen.

Zehn Jahre! Es war damals die große Liebe. Und jetzt? Alles kaputt. Ich jedenfalls sah keinen Ausweg. Jeder Versuch uns zu versöhnen, endete im Chaos. Eine völlig verkorkste Situation!

Schließlich war ich ausgezogen. Ich hielt es nicht mehr aus.

„Das kannst du nicht machen", hatte mich Kurt angefleht. „Was soll ich nur ohne dich anfangen?"

Ach, jetzt auf einmal konnte er nicht ohne mich leben. Er hatte sogar theatralisch einen Kniefall gemacht.

Ich blieb hart, denn das kannte ich.

Nun war das Trennungsjahr vorüber. Heute trafen wir uns nach Monaten wieder – beim Scheidungsrichter!

Er sah schlecht aus. Etwas ungepflegt. Doch ich spürte kein Mitleid. Zu sehr hatten wir uns schon voneinander entfernt.

Dann ging plötzlich alles rasend schnell. Unsere Ehe war geschieden. Ich war endlich frei!
Meine Freundin Lydia, die mich begleitet hatte, fiel mir um den Hals. „Alles Gute für einen Neuanfang", sagte sie.
Erst jetzt begriff ich, dass es keine Gemeinsamkeiten mit Kurt mehr gab. Vorbei, endgültig vorbei! Eine Last fiel von mir ab. Beschwingt verließen Lydia und ich das Gericht. Mit einer Leichtigkeit, die ich mir bisher niemals zugetraut hatte, ließ ich die zehn Ehejahre einfach zurück. Ich glaubte zu schweben. So musste einem Schmetterling zumute sein, der seinen ersten Flug wagte. Ein absolut gutes Gefühl.
Ich strahlte Lydia an. Sie hakte sich bei mir ein und strebte auf ein Café zu. „Das muss gefeiert werden!", rief sie und lachte mich an. Wir scherzten und lachten. Ich war einfach nur noch glücklich.
Voller Elan stürzte ich mich am nächsten Tag in meine Arbeit. In zwei Wochen wollten Lydia und ich gemeinsam ans Mittelmeer in Urlaub fahren. Ich freute mich riesig darauf.
Dann war es soweit. Strahlende Sonne, Palmen und ein wunderbares blaues Meer, so empfing uns Italien. Wie ausgelassene Kinder tummelten wir uns am weißen Strand. Es war herrlich!
Viel zu schnell vergingen die drei Wochen. Ich war voller Tatendrang. Erholt und völlig entspannt, traten wir die Heimreise an.
Doch kaum zu Hause, fühlte ich mich plötzlich schlapp und ausgepumpt. Wir hatten im Urlaub doch nur gefaulenzt. Was war los mit mir?
Sogar Lydia fiel meine Veränderung auf. Kam jetzt vielleicht der seelische Zusammenbruch?
„Lass dich einfach mal durchchecken", bat Lydia. „Geh zum Arzt!"
„Ach was, das wird schon wieder vergehen!"
Ein vorübergehendes Tief. Die Nachwehen meiner Scheidung. So versuchte ich meine momentane Lustlosigkeit zu erklären.
Es wurde nicht besser. Im Gegenteil. Plötzlich, wie aus heiterem Himmel, durchfuhren meine Brust glühende Nadeln. Ich hatte das unheimliche Gefühl zu verbrennen. Es waren nur Sekunden, aber es reichte, um in Panik zu verfallen. Wahnsinnige Angst über-

kam mich. Ich wankte etwas benommen ins Bad und starrte in den Spiegel. Ein leichenblasses Gesicht starrte mich an.
Langsam, sehr langsam gewann ich die Fassung wieder.
Die nächsten Tage waren schrecklich. Jedes noch so kleines Zipperlein brachte mich ins Schwitzen. Sofort war die Angst wieder da. Schließlich schleppte mich Lydia kurzerhand zum Arzt. Nach einer flüchtigen Untersuchung, er war anscheinend vollkommen überlastet, stellte er mir ein Rezept für irgendwelche Pillen aus.
„Ich kann nichts Ungewöhnliches feststellen", sagte er wenig interessiert. „Wahrscheinlich eine momentane Schwäche, die bald vorübergeht."
Brav schluckte ich in der nächsten Zeit die Pillen. Doch die erhoffte Besserung trat nicht ein. Ich wollte nur noch schlafen.
Dann plötzlich – ich lag gerade in der Wanne – durchzuckte mich erneut dieser wahnsinnig stechende Schmerz. Mein Atem stockte! Ich spürte, wie mein Herz raste. Der Schmerz trieb mir Tränen in die Augen.
Fast wäre ich untergetaucht. Mir wurde übel!
Ängstlich wartete ich auf die nächste Attacke.
Dann, als nichts mehr passierte, quälte ich mich vorsichtig aus der Wanne. Im Schlafzimmer legte ich mich erst einmal hin. Was war mit mir? Nach einigen Minuten stand ich auf und rief Lydia an. Sie kam sofort. Weinend fiel ich ihr in die Arme.
„Jetzt ist aber Schluss", wurde sie energisch, als sie alles gehört hatte. „Wir gehen jetzt sofort ins Krankenhaus." Fast gewaltsam schleppte sie mich aus meiner Wohnung. Wenig später saß ich erneut im Behandlungsraum.
„Lydia, bitte", bat ich. „Geh mit mir zusammen rein. Ich habe Angst!" Gott sei Dank, dass ich sie hatte.
Der Arzt untersuchte mich. Apathisch ließ ich alles mit mir geschehen. „Bevor ich Genaues sagen kann, muss ich noch einige Untersuchungen bei Ihnen vornehmen." Ich nickte nur. Mein flehender Blick zu Lydia sagte alles. Endlich war auch diese Prozedur vorbei.
„Die Aufnahmen ihrer linken Brust zeigen leider eine Veränderung des Gewebes", begann er vorsichtig.

Ich merkte, wie mir plötzlich der Schweiß ausbrach. Natürlich wusste ich, was das bedeuten konnte.

„Bevor ich aber sagen kann, ob es sich bei dem Tumor um gutartiges oder bösartiges Geschwulst handelt, müssen wir eine Probe entnehmen." Doch ich war schockiert!

Wie durch eine Nebelwand hörte ich die Stimme des Arztes: „Es kann alles ganz harmlos sein. Sie müssen nicht gleich das Schlimmste befürchten."

Aber in meinem Kopf hatte sich schon die Angst festgesetzt. Krebs, Krebs! Du hast Krebs, hämmerte es in meinem Kopf.

Wie lange noch?

Plötzlich schossen die Tränen hervor. Ich heulte hemmungslos. Lydia drückte mich an sich. Gut, dass ich sie hatte. Was wäre ich jetzt nur ohne sie? Langsam beruhigte ich mich wieder. Es war alles vorbereitet. Man wusste Bescheid. Als ich im Bett lag, schlief ich augenblicklich ein.

„Morgen wird Ihnen die Gewebeprobe entnommen", sagte der Stationsarzt, als ich endlich erwachte. „Alles ganz harmlos!"

Ich nickte nur.

Am nächsten Morgen, ich hatte bis fünf Uhr durchgeschlafen, erhielt ich eine Injektion. Dann plötzlich riss der Faden. Jemand tätschelte meine Wange und fragte: „Wie heißen Sie? Wie ist Ihr Name?" Mühsam öffnete ich meine Augen. Meine Lippen bewegten sich zwar, aber ich bekam keinen Laut heraus.

„Da sind wir ja wieder", hörte ich dieselbe Stimme sagen und sah in ein lachendes Gesicht. „Sie haben alles überstanden." Lydia war da. „Na, wie geht es dir?"

„Kaffee", flüsterte ich noch benommen.

Lydia verließ das Zimmer. Kurze Zeit später erschien sie wieder. In den Händen zwei Becher mit dampfendem Kaffee. Er belebte meine Lebensgeister wieder. Mitten in diese Idylle platzte der Stationsarzt herein.

„Die Gewebeprobe wurde eingeschickt. Es dauert ungefähr drei bis fünf Tage, bis wir das Ergebnis haben. Sie können also morgen früh nach Hause."

Wieder schlief ich wie eine Tote. Gegen neun Uhr erschien Lydia. „Du siehst blass aus", begrüßte sie mich. „Dann wollen wir mal."
Sie hakte mich ein, ergriff meine gepackte Reisetasche und zerrte mich aus dem Zimmer. Die Papiere lagen bereit.
Lydia setzte mich in meiner Wohnung ab und verabschiedete sich.
Ich war allein. Und was jetzt?
Das noch ausstehende Ergebnis meiner Untersuchung blockierte mein ganzes Denken. Ich schaltete den Fernseher ein, nur um eine Geräuschkulisse zu haben. Schließlich hockte ich mit angezogenen Beinen auf der Couch und sah auf die Mattscheibe, ohne etwas zu sehen. Ich schlief ein.

Das Telefon klingelte und weckte mich. Benommen meldete ich mich. „Hier ist das Kreiskrankenhaus, ich verbinde!"
Ich merkte, wie sich plötzlich alles in mir zusammenzog. In meinem Kopf dröhnte es. Jetzt nur nicht schlapp machen.
„Dr. Lauer", hörte ich, wie durch eine Nebelwand die Stimme des Arztes. „Spreche ich mit Frau Weber, Eva Weber?"
Ich flüsterte fast: „Ja, hier ist Eva Weber."
„Ihr Befund ist da, können Sie in einer Stunde beim Professor sein? Er will Ihnen die Nachricht persönlich übermitteln."
Mehr, als ein ersticktes „Ja ..." brachte ich nicht zustande.
Mit zitternden Fingern wählte ich die Nummer von Lydia. Als sie sich meldete, bat ich um ihr Kommen. „Oh Gott", betete ich laut. „Hilf mir!"
Es klingelte. Lydia?
Ich hetzte zur Tür. Heulend lag ich in ihren Armen. Stockend erzählte ich ihr von dem Anruf.
„Es wird alles gut", sagte sie tröstend.
Wir fuhren ins Krankenhaus. Der Professor erwartete uns.
„Da sind wir ja wieder", sagte er strahlend.
Mir war nicht zum Lachen zumute.
„Tja, eine freudige Nachricht", kostete er die gute Botschaft voll aus. „Die Geschwulst in ihrer linken Brust ist nicht bösartig. Na, was sagen Sie jetzt?" Ich begriff nicht.

„Du bist gesund", sagte Lydia und drückte freudestrahlend meinen Arm. Ohne jede Vorwarnung heulte ich los. Kein Krebs! Danke Gott! Es war ein Wunder!
„Aber wir sollten den Tumor auf jeden Fall entfernen. Er drückt auf irgendeinen Nerv und verursacht die Schmerzen."
Ich begriff nur, dass ich keinen Krebs hatte. Dankbar ergriff ich die Hand des Professors, quetschte sie und verließ mit Lydia das Zimmer.
Wieder hatte ich das Gefühl zu schweben, wie nach der Scheidung. Es war herrlich.
„Du hebst gleich ab", freute sich Lydia.
„Ja, ich könnte fliegen", sagte ich glücklich.
Lydia tupfte mir eine Träne von der Wange und sagte lachend: „Können Schmetterlinge eigentlich weinen?"

Jahreszeitliches Treiben

Farbenpracht

Gott hat die Schöpfung so gedacht,
dass durch seinen reichen Segen,
alles ruht stets in der Nacht,
um am Tage sich zu regen.

Auch die Natur sich daran hält,
denn in der Nacht erhält sie Kraft,
um dann am Morgen, wie bestellt,
mit neuem Leben sie erwacht.

Im Kleid mit frischem Grün das Gras,
es glitzert noch vom Morgentau,
nichts bleibt mehr trübe oder blass,
sogar der Himmel leuchtet blau.

Dann erste Knospen sich entfalten,
zögerlich noch, als wenn sie testen,
ob sie schon dran sind mit Gestalten
und geben dann ihr Kleid zum Besten.

Und plötzlich, wie von Zauberhand,
entfaltet sich die Blütenpracht,
ganz kostbar wie ein Diamant,
wird dann das Farbenspiel entfacht.

Vom grellen Rot bis Dunkelbraun,
in tausendfach verschiedenen Tönen,
für jeden herrlich anzuschauen,
als wollt man uns damit verwöhnen.

Es kribbelt

Wenn die Nase zwickt und juckt,
dann quält dich eine Blütenpolle,
wenn sie vor Schmerzen dann noch zuckt
und schwillt dann an zu einer Knolle,
dann meide Felder, Wald und Wiesen,
sonst musst du ständig nur noch niesen.

Ab in den Süden

Durch Vogelschwärme hoch am Himmel
herrscht im Herbst dort stets Gewimmel,
sie wollen in den Süden fliegen
und lassen hier die Nester liegen.

Denn im Herbst wird es sehr kalt
und der Winter folgt dann bald.
Erst wenn der Frühling Einzug hält,
kommt auch zurück die Vogelwelt.

Untrügliche Anzeichen

Wenn Ameisen dich untergraben,
in Scharen durch die Küche traben,
wenn Mücken dich als Opfer wählen,
dich stechen, piesacken und quälen,
wenn Tauben ihren Partner suchen
und viele Menschen Urlaub buchen,
wenn jeder sich auf Ferien freut,
dann ist der Frühling nicht mehr weit.

Wenn Spatzen ganz verlangend schauen,
was du und andre Menschen kauen
und fast auf deinem Teller sitzen,
um dir dein Mittag zu stibitzen,
wenn Vögel schon ihr Nest gestalten
und erste Knospen sich entfalten,
wenn auch die Sonne heftig sticht,
dann ist der Frühling bald in Sicht.

Wenn auch die Bienen oder Wespen,
dein Blut und die Gesundheit testen,
wenn du dies alles hast ertragen
und manchen Quälgeist auch erschlagen;
wenn ständig dir die Augen brennen
und Tränen aus denselben rennen,
wenn du dann alles siehst verschwommen,
dann ist der Frühling angekommen.

Frühlingserwachen

Das erste Grün an Strauch und Bäumen,
dem letzten Schnee zum Trotz wie Hohn,
jetzt kann man schon vom Frühling träumen,
denn auch die Vögel singen schon.

Die Sonne warm vom Süden naht,
es juckt gewaltig in den Händen,
schon kaufe ich mir Blumensaat,
um jetzt den Winter zu beenden.

Alles schöpft nun neue Kraft,
denn der Frühling zieht ins Land –
die Bienen saugen Blütensaft
und du träumst schon vom Badestrand.

Am Rosenstock die erste Laus,
sie hangelt sich von Ast zu Ast,
du streichst nun neu dein Gartenhaus,
der Nachbar kommt und ihr macht Rast.

Auf der Terrasse Kaffee trinken,
man unterhält sich wieder gern,
die Wiesen schon nach Jauche stinken,
denn das Frühjahr ist nicht fern.

Und dann plötzlich über Nacht,
die Krokusse ihr Kleid entfalten
und mit der bunten Blütenpracht,
kann auch der Frühling Einzug halten.

Erwachen

Die ersten Knospen an den Bäumen,
dem letzten Frost und Schnee zum Hohn,
jetzt kann das Frühjahr wieder träumen,
denn viele Vögel trällern schon.

Auch wird es wärmer – Ostern naht,
es juckt gewaltig in den Händen,
schon kaufst du erste Blumensaat
umso den Winter zu beenden.

Noch schaut es nicht nach Frühling aus,
doch du beschneidest Ast für Ast
und streichst das alte Gartenhaus,
mach aber auch mal eine Rast.

Es sprießt

Ganz zögerlich kommt erst ein Stiel,
dann Blätter – aber viel zu viel,
dann plötzlich viele Knospen sprießen
und du musst ständig nur noch gießen.

Zeichen des Frühlings

Wenn Spatzen ganz verlangend schauen,
was du und andre Menschen kauen,
fast auf dem Rand des Tellers sitzen,
um dir ein Mittag zu stibitzen.

Wenn Tauben ihren Partner suchen,
und du willst schon den Urlaub buchen,
wenn jeder sich auf Ferien freut,
dann ist der Frühling nicht mehr weit.

Wenn Ameisen dich untergraben,
im Gleichschritt durch die Küche traben,
wenn Mücken dich als Opfer wählen,
dich stechen, piesacken und quälen.

Wenn Vögel schon ihr Nest gestalten
und erste Knospen sich entfalten,
wenn auch die Sonne heftig sticht,
dann ist der Frühling bald in Sicht.

Wenn auch die Bienen oder Wespen,
dein Blut und die Gesundheit testen,
wenn du es tapfer hast ertragen,
so manchen Quälgeist schon erschlagen.

Wenn Tulpen farbenprächtig blühen
und ihren süßen Duft versprühen,
wenn trotzdem dir die Zeit gefällt,
dann auch der Frühling Einzug hält.

Morgenwärme

Aus dem Boden, aus dem Moos,
aus der Erde dunklem Schoß,
steigt empor ein warmer Hauch
und erwärmt so jeden Strauch.

Und auch das erste Sonnenlicht
sich langsam durch das Dickicht bricht
und erweckt, was noch im Schlaf,
als das helle Licht es traf.

Was der Herrgott uns gegeben,
das erwacht zu neuem Leben;
plötzlich gibt es dann kein Halten,
alles scheint sich zu entfalten.

Aus dem Schlaf, aus dunkler Nacht,
entsteht so eine neue Pracht,
in tausendfach verschiedenen Tönen,
um alle Menschen zu verwöhnen.

Erntezeit

Der Bauer sorgt für viele Dinge
und hofft, dass alles ihm gelinge,
wenn er den Acker neu bestellt,
den Boden pflügt und eggt das Feld.

Im Frühjahr er den Boden bricht,
denn ohne Pflügen geht es nicht,
dann wird gepflanzt und ausgesät,
von morgens früh bis abends spät.

Er fleht um Sonne und um Regen,
denn diese sind der Saat ein Segen,
bis aus dem Korn ein Halm entsteht
und endlich auch die Frucht aufgeht.

Im Sommer ist dann Erntezeit
und alle Früchte sind bereit,
den Gabentisch gar reich zu schmücken,
um die Menschen zu beglücken.

Im Herbst, wenn abgeerntet ist,
erscheint das Land zwar öd und trist,
doch schon im Frühjahr folgt erneut,
dass der Bauer Saat ausstreut.

Herbstlaub

Wenn erst das Laub zur Erde fällt,
weil der Stiel es nicht mehr hält
und ganz sacht zu Boden sinkt,
es scheint, als ob es dir noch mal winkt.

Wenn Zweige durch den Wind sich biegen,
dann brechen, auf der Erde liegen,
wenn der Stamm sich stöhnend quält,
weil der Lebenssaft ihm fehlt.

Wenn auch die Menschen trübe schauen
und vor der Finsternis sich grauen,
wenn Schwermut sich in viele krallt,
denn es ist trostlos und sehr kalt.

Wenn ständig prasseln Regenschauer,
denn das Land liegt nun in Trauer,
dann bleibt für alle wenig Zeit,
bis es schließlich friert und schneit.

Herbstende

Das bunte Laub ist längst verschwunden,
zum Himmel recken drohend sich die Zweige,
der Mond zieht lautlos seine Runden,
nun geht der goldene Herbst zur Neige.

Der blaue Himmel sich verdunkelt,
schon zucken tanzend Blitze mit Getöse,
auch kein Stern zur Nacht noch funkelt,
es scheint, der Herrgott ist uns böse.

Ein starker Wind bläst frech und kalt
und was der Jägersmann nicht traf,
verkriecht sich nun in Laub und Wald,
bereit für seinen Winterschlaf.

Und wenn das Land dann grau und trist
und ständig kalte Winde wehen,
der Mensch auch unzufrieden ist,
bald ist der erste Schnee zu sehen.

Am Meer

Es fehlt das Licht, nur kurze Tage,
die Uhren zeigen Winterzeit,
ein kalter Sturm wird oft zur Plage,
es macht sich Unbehagen breit.

Noch geben Blätter an den Bäumen,
ein buntes und sehr schönes Bild,
vom Sommer kann man nur noch träumen,
denn es verkriecht sich auch das Wild.

Es kommt ein starker Regen auf,
nass und schwer sind deine Haare,
vereinzelt ziehen Jogger ihren Lauf,
kein Wetter mehr für Liebespaare.

Dann Stürme und Orkane bellen,
das Laub und morsche Äste fallen,
das Meer wehrt sich mit großen Wellen,
die brechend an die Küste knallen.

Nebelschwaden zieh'n wie Geister,
der erste Frost und es wird kalt,
der Herbst wird jetzt nur immer dreister,
du merkst, der Winter kommt recht bald.

Winterhart

Nicht jeder Vogel zieht gen Süden,
wenn der Winter Einzug hält,
es gibt auch Tiere, die zufrieden,
wenn Eis und Schnee zur Erde fällt.

Es bleiben viele Tiere hier,
sie sind, so sagt man, winterhart,
der Maulwurf ist auch so ein Tier,
welches nie mit Arbeit spart.

Hier bleiben Möwe, Taube, Krähe,
die Meisen und auch der Fasan,
sie suchen dann des Menschen Nähe,
sogar der scheue Auerhahn.

Es tummeln sich im ersten Schnee
der Hase und die frechen Raben,
das Wildschwein oder auch das Reh
und Mäuse, die doch Flügel haben.

Eiszeit

Die Erde weiß – der Himmel grau,
erstarrt liegt vor mir die Natur,
kein Windhauch regt sich und ich schau
in die schneebedeckte Flut.

Um mich herum herrscht große Stille,
auch ich halt meinen Atem an
und denke: Herr, was ist dein Wille,
den ich nicht ergründen kann?

Die Kälte krallt sich in mir fest,
ich spür, wie sie mich ganz ergreift,
schon zerrt sie fordernd, bis es schmerzt,
mein ganzer Körper sich versteift.

Ich kann noch die Gedanken fassen,
denn noch ist Leben in mir drin.
Soll ich mich einfach fallen lassen?
Hat mein Leben einen Sinn?

Dann endlich wage ich den Schritt,
der Schnee entlässt den Fuß mit Knurren,
auch die Kälte bleibt zurück
und meine tiefen, harten Spuren.

Gaumenschmaus
& Diätengraus

Kaffeepause

In des Baumes kühlem Schatten
liegt Frau Bruns mit ihrem Gatten
denn vor der Hitze, die extrem,
ist es hier recht angenehm,
um dann, wenn endlich Kaffeezeit,
in aller Ruhe und zu zweit
den Erdbeerkuchen aufzuessen
und sich im Federball zu messen.

Die Ruhe ist von kurzer Dauer
und Herr Bruns wird richtig sauer,
denn es platzt in die Idylle
Schwager Kurt mit Frau Sibylle.
„Wir wollen euch nur kurz besuchen“,
stiert gierig Sibylle auf den Kuchen.
Sie lässt sich einfach häuslich nieder,
dabei knirscht und knackt ihr Mieder.

„Greift nur zu und lasst's euch schmecken“,
versucht Frau Bruns sie noch zu necken,
„und soll ich euch noch Sahne schlagen?“,
wagt sie die beiden noch zu fragen.
Doch plötzlich, eh man sich versah,
ist nichts mehr von dem Kuchen da.
Sibylle sagt dann dick und rund,
mit Kuchenkrümel an dem Mund:

„Wir wollen euch nicht weiter stören."
Bevor Herr Bruns sich kann empören,
streben die beiden schnell von dannen,
nur Herr Bruns kann nicht entspannen,
denn es fehlen ihm die Worte
und die geliebte Erdbeertorte.
Die Moral von der Geschicht,
nur so behält man sein Gewicht.

Das Rezept

Wer einen Kuchen backen will
für einen ganz besonderen Tag,
der überlege erst mal still,
was die Familie denn so mag.

Ganz plötzlich fällt es dir dann ein:
Erst neulich noch bei Oma Ruth,
die Kekse waren hart wie Stein,
doch der Kuchen schmeckte gut.

Was Oma kann, kannst du schon lange,
von ihr noch das Rezept besorgen
und dann ans Werk und gar nicht bange,
auch Eier könntest du dir borgen.

Wieder daheim von Oma Ruth,
liest du die Backanleitung heiter:
Man nehme – doch dich packt die Wut,
zum Tapezieren eine Leiter.

Schnell auf zur nächsten Bäckerei,
zum Backen ist die Lust dahin,
dir ist der Kuchen einerlei,
denn Tapezieren ist nicht dein.

Abspecken

Die Schweinemast hat stets den Zweck
für Würste, Eisbein oder Schinken,
doch auch für eine Menge Speck,
damit dir gute Preise winken.

Wenn man auf deine Schinken schaut,
dann bist du nicht mehr schlank und chic,
denn du hast alles auch gekaut
und bist jetzt unförmig und dick.

Doch endlich hast du dich entschlossen,
nun ein paar Kilo abzuspecken,
denn was du vorher hast genossen,
will dir plötzlich nicht mehr schmecken.

Du machst nun Kuren und Diäten,
isst viel Obst und trinkst nur Wasser,
lutscht vom Fisch nur an den Gräten,
doch dein Gewicht wird immer krasser.

Denn auf der Waage jeden Morgen
hoffst du, dass die Pfunde purzeln,
doch nichts bleibt übrig außer Sorgen,
jetzt riechst du nur noch an den Wurzeln.

Alles Käse

Ob nun von Ziege, Schaf und Kuh
– die Milch ist stets begehrenswert,
der Konsument – und das bist du!
– schließlich das Produkt verzehrt.

Entrahmt, erhitzt mit wenig Fett
wird es noch homogenisiert,
das findet auch das Vieh nicht nett,
der Kunde ist auch angeschmiert.

Joghurt, Sahne, Quark und Butter,
Kefir, Molke und viel mehr
und der Rest fürs Kalb als Futter,
stellt man aus der Milch so her.

Auch Käse mit und ohne Rand,
im Stück oder auch in Scheiben,
cremig zart und sehr pikant
oder hart und fest zum Reiben.

Würden nun die Tiere sehen,
was man aus der Milch so macht,
was aus Gras so kann geschehen,
hätte manche Kuh gelacht.

Wie immer auch die Milch gedreht,
was ich dazu im Kochbuch lese,
der Kunde es nur schwer versteht,
im Grunde ist es alles Käse!

Edle Tropfen

Ab und zu ein Gläschen Wein,
dazu sagt wirklich niemand nein,
ob weißer, roter, trockner, süßer,
wer ihn trinkt, ist ein Genießer.

Und obendrein tut es noch gut,
es erneuert auch dein Blut.
Wenn du es beim Glas belässt,
ist das Trinken dir ein Fest.

Doch wehe, du kannst es nicht lassen,
nach vollen Flaschen stets zu fassen
und wenn dein Reden wird zum Lallen,
bist du dem Alkohol verfallen.

Drum übe dich in Mäßigkeit,
nimm stets nur eine Kleinigkeit
in das Glas und in den Mund,
dann bleibt die Leber auch gesund.

Verdorbener Grillspass

Sobald die ersten Sonnenstrahlen
wie Frühlingsglocken in dir schrillen,
bepflanzt du deine Blumenschalen
und willst am Abend auch noch grillen.

Im Winterschlaf in deinem Schuppen
steht der Grill total verdreckt,
bewacht von vielen alten Puppen,
ganz hinten, wo der Mäher steckt.

Du baust ihn schnell im Garten auf,
doch du willst ihn vorher putzen,
so legt man auch kein Schnitzel drauf,
so kannst du ihn auch nicht benutzen.

Deine Kohle will nicht brennen,
mit einem Haarfön hilft du nach,
doch leider kannst du nichts erkennen,
weil Qualm dir in die Augen stach.

Endlich scheint das Feuer gut
willst dein Grillgut jetzt geniessen,
doch es sinkt der frohe Mut,
denn es fängt jetzt an zu gießen.

Dir will gar nichts mehr geraten,
denn das Feuer ist schon aus,
du willst dein Schnitzel endlich braten
und schnell gehst du zurück ins Haus.

Ertappt

Auf Fischer Hinrichs Mittagstisch
gehört nun einmal frischer Fisch
und weil der Kühlschrank auch noch leer,
fährt er entschlossen auf das Meer.
Dort wirft er seine Angel aus
und sucht im Meer nach Kabeljaus.

Doch plötzlich kommt ein großer Sturm.
Er zieht die Angel mit dem Wurm
ins Boot – und fährt dann schnell zurück
und hofft, dass mit etwas Glück
das Fischgeschäft noch offen ist,
denn er will wagen eine List.

Er kauft den schönsten Kabeljau,
für sich und Gertrud, seine Frau.
Dann läuft er schnell zu seiner Hütte,
den toten Fisch in seiner Tüte.
„Ganz frisch gefangen“, sagt er bieder
und sinkt erschöpft aufs Sofa nieder.

Dann freut er sich aufs gute Essen,
doch leider hört er jetzt stattdessen,
ganz plötzlich seine Gertrud schreien:
„Was du mir antust, ist gemein!“
Es klebte an des Fisches Flosse
ein Schild vom Fischgeschäft >J. Posse.<

Hüftgold

Gehst du jemanden besuchen,
gibt es zur Begrüßung Sekt,
danach Kaffee und auch Kuchen
und noch allerlei Konfekt.

Doch deine große Leidenschaft
sind Kekse in verschiednen Sorten,
die stets in dir Verlangen schafft,
leider auch diverse Torten.

Und gerade in der Weihnachtszeit
ist die Versuchung riesengroß,
es liegt in Mengen schon bereit.
Was mache ich nur bloß?

Es scheint dir alles gut zu schmecken
und das lässt dir keine Ruh,
nur dein Gewicht lässt dich erschrecken,
denn es nimmt stets gewaltig zu.

Du kannst das Naschen nicht mehr lassen,
und dein Hüftgold wird kaschiert,
mit neuen Sachen, die gut passen,
so hast du dich nun arrangiert.

Backe, backe Kuchen

Man nehme dieses oder das,
verrühre es zu einer Masse
und etwas Rum, doch nur vom Fass,
dann ist der Teig auch wirklich klasse.
So fangen oft Rezepte an,
mit denen man was erleben kann.
Dann sollst du Kirschen unterziehen
und schaust entgeistert in das Buch,
es trotzt dein wirkliches Bemühen,
auch im sechzehnten Versuch.
Unterziehen – aber wo?
Du lässt es sein und bist heilfroh.
Nun soll der Teig noch etwas gehen,
doch er will keine Schritte tun,
du kannst die Welt nicht mehr verstehen,
denn danach soll er auch noch ruh'n.
Du machst es, wie man dir befohlen
und stellst den Teig ins Bett – verstohlen.
Jetzt muss der Guss ins Wasserbad
und schon naht schnell die nächste Panne,
denn wer, wie ich 'ne Dusche hat,
dem fehlt laut Anweisung die Wanne.
Der Kuchen backt in seiner Form,
gewinnt an Größe ganz enorm.
Dann ist die Backzeit auch vorbei,
als Besuch um Einlass schellt,
du nimmst ihn raus, doch er ist Brei
und siehst, wie er zusammenfällt.

Na dann, guten Appetit!

Ich fuhr in Richtung Hamburg, als mich plötzlich ein unwiderstehlicher Heißhunger auf ein ganz ordinäres Schnitzel überfiel. Deshalb stoppte ich mein Vehikel an der nächstbesten Gastwirtschaft und stürmte hinein. Dunkelheit und gähnende Leere bremsten mich. Auch das noch! Hatte der Laden etwa zu?

Als sich dann meine Augen an die Finsternis gewöhnt hatten, sah ich im äußerten hinteren Winkel der Kneipe einen Lichtschein.

„Hallo", knurrten meine Stimme und der Magen im Duett.

Plötzlich, wie von Geisterhand, tauchte aus dem Nichts ein winziges Kerlchen auf und piepste: „Was soll 's denn sein?" Gleichzeitig betätigte er einen Schalter, und über dem Tresen gingen ein paar Lampen an. Ich betrachtete den Winzling etwas genauer. Sein langes, ausgemergeltes Gesicht zierte ein übergroßer Kolben, der nur durch seine beiden Löcher als Nase zu erkennen war. Zu allem Überfluss hockte auf ihr noch eine Hornbrille mit dicken Gläsern, die mindestens sechs Dioptrien hatten. Alles andere an ihm wirkte schlampig und etwas schmuddelig. „Und?", meckerte der Kleine und glotzte mich durch sein Fernrohr auffordernd an.

„Ein schönes, großes Schnitzel ohne alles und ein Spezi", flüsterte ich immer noch entgeistert.

Der Knirps schlurfte davon. Ich schaute ihm nach, doch seine Hinterpartie konnte auch nicht an einer Modenschau teilnehmen. Sein zerknittertes Hemd steckte nur teilweise in einer speckigen, ausgefransten Cordhose und an den Füßen trug er Filzpantoffeln. Wo war ich da nur hingeraten? Trotzdem blieb ich. Gekonnt schwang ich mich auf einen Barhocker und schaute mich genauer um. Das gesamte Mobiliar stammte noch aus Großmutters Zeiten.

Viel zerschlissener Plüsch, ramponierte Tische und an den Wänden vergilbte Ölschinken von unbekannten Künstlern.

Inzwischen hatte der Zwerg sich unbemerkt an mich herangeschlichen und piepste: „Essen kommt gleich!" Dann kletterte er hinter

den Tresen und begann mit meinem Spezi. Ich sah ihm aufmerksam dabei zu. Endlich hatte er die Mixtur fertig und schob mir das Glas ohne Kommentar rüber.
Plötzlich gellte, ohne jede Vorwarnung, eine schrille Frauenstimme ein lautes „Herbert!"
Beide zuckten wir zusammen. Der Kleine sauste dann aber nach hinten und erschien kurz darauf wieder mit meinem Essen. Na endlich! Er schob mir den Teller und Besteck zu und leckte sich im Weggehen seinen Daumen ab. Ich schaute mir meinen Teller genauer an. Deutlich sah ich den Abdruck im Kartoffelsalat. Das Schnitzel triefte nur so von Fett. Wahrscheinlich hatte das keifende Etwas das Schnitzel in der Friteuse heiß gemacht, denn die Enden bogen sich nach oben. Auf dem Kartoffelsalat lag ein verwelkter Petersilienzweig als Willkommensgruß.
Alles in Allem eine Zumutung. Mir war der Appetit gründlich vermiest.
Ich legte einen Zehner auf den Tresen, trank meinen Spezi aus und verließ fluchartig die Kneipe. An der Tür drehte ich mich noch einmal um und sah, wie der Zwerg sich über das Schnitzel hermachte. Na dann, guten Appetit!
Ich kam gerade vom Einkaufen. Schon an der Türe hörte ich das Telefon drängend läuten. Hastig kramte ich in meiner Jackentasche nach dem Schlüssel. Er hing fest. Doch ich ließ nicht locker und befreite ihn mit einem Ruck aus dem Futter, das mit einem lauten Ratsch nachgab. Leise fluchend schloss ich die Tür auf und stürmte zum Telefon, welches plötzlich mit einem Quaken verstummte. Nur das rote Blinklicht zeigte mir, dass tatsächlich jemand angerufen hatte. Auf meinem Display erschien eine Telefonnummer, die mir absolut nichts sagte. Auch gut.
Ich packte meine Lebensmittel in den Kühlschrank und machte mir einen Kaffee. Doch schon beim zweiten Schluck schrillte erneut das Telefon. Mit einem gewaltigen Satz erreichte ich den Apparat und preßte den Hörer ans Ohr. „Ja!", rief ich.
Eine sympathische Frauenstimme fragte: „Sind Sie Herr Krull, Axel Krull?" Ich nickte zustimmend. Doch im selben Augenblick

schlug ich mir mit der flachen Hand auf die Stirne und hauchte ein erneutes „Ja“ in den Hörer. Gut, dass ich kein Bildtelefon besitze. Doch die Dame am anderen Ende hatte von meinem Aussetzer keine Notiz genommen, denn sie plapperte wie ein Wasserfall fröhlich weiter. „Schön, dass ich sie endlich erreiche“, flötete sie. „Sie haben gewonnen!“ Ohne meine Antwort abzuwarten, fragte die Stimme aufmunternd: „Ist das nicht toll? Freuen Sie sich?“
Benommen stotterte ich irgendeinen Blödsinn in den Hörer: „Aber ich hab doch nicht ... Wer ist denn dort?“ Doch die Stimme ließ sich nicht aufhalten, auch nicht durch mein Gestammel. „Sie erinnern sich gewiss noch an ein Preisausschreiben vor längerer Zeit“, versuchte sie mir auf die Sprünge zu helfen. „Nein, aber ...“, wollte ich ihr gerade erklären, dass ich grundsätzlich keine Preisausschreiben mitmachte. Aber sie ließ mich einfach nicht zu Wort kommen. „Sie sind unser glücklicher Hauptgewinner“, drang es betörend an mein Ohr.
„Oder wollen sie einfach auf 10.000 € verzichten? Nein, natürlich nicht. Gut so“, gab sie sich selber gleich die Antwort. Als dann im Hörer plötzlich auf einmal Ruhe herrschte – meine Glücksgöttin musste wahrscheinlich auch mal nach Luft schnappen – kam ich endlich zu Wort. „Dann überweisen Sie mir einfach das Geld oder schicken Sie mir einen Scheck.“ Doch so einfach schien es nun auch wieder nicht zu sein. Denn meine Glücksgöttin am anderen Ende der Leitung hatte ihre Atemübung beendet und legte erneut mit ungeminderter Redseligkeit fort. „Das geht nicht. Unsere Geschäftsbedingungen lassen nur eine Kontoüberweisung zu. Wir benötigen dazu ihre Bankverbindung. Außerdem brauchen wir von ihnen eine einmalige Bearbeitungsgebühr in Höhe von 50 €.“
Kurz vor Hamburg verließ ich wieder die Autobahn, weil alles verstopft war und nahm die Landstraße. Andere hatten wahrscheinlich auch die Idee gehabt, denn hier war es fast genau so voll. So zockelte ich den anderen Autos hinterher.
Plötzlich beschwerte sich knurrend und kneifend mein Magen. Da er nicht aufhörte, beschloss ich, die nächste Rast- oder Gaststätte anzufahren, was ich auch tat. Das Kneipenschild war hell

beleuchtet und von Weitem zu sehen. Es hatte auch bessere Zeiten gesehen, denn die Scheibe war eingeschlagenen, die Reste hingen lose im Rahmen. Ich machte einen Bogen darum, sprang die Stufen zur Tür hoch, riss sie mit dem mitgenommenen Schwung auf und stürzte rein. Tiefe Dunkelheit und Essensdünste ließen mich überrascht stoppen.

Einen Augenblick stockte ich, um mich an die Dunkelheit zu gewöhnen, doch dann schritt ich mutig auf das kleine funzelige Licht über dem Tresen zu. Mein Magen und meine Stimme knurrten fast gleichzeitig ein lautes „Hallo“ in die Finsternis.

Nach einer gefühlten Ewigkeit, schlurfte irgendeine Gestalt aus dem Nichts.

„Ja?“, fragte ein tiefer Bass und eine spindeldürre, fast zwei Meter lange Gestalt trat in den Lichtschein.

Ich schaute erstaunt hoch und fragte den Langen: „Kann ich etwas zu Essen bekommen?“

„Ja“, brummte er nur wieder und schlappte davon, ohne nach meinen Wünschen zu fragen. Ich konnte nur perplex hinter ihm her starren. Der Lulatsch trug ausgelatschte Filzpantoffeln, eine schmuddelige, speckige Hose, aus der das Hemd heraushing und war ungekämmt. Wahrscheinlich hatte ich ihn aus dem Bett geholt. Egal. Ich hatte Hunger.

Nach fünf Minuten kam er wieder und hantierte an den Zapfhähnen herum. „Trinken?“, fragte er.

„Alster“, entgegnete ich genauso wortkarg.

Das Gespräch entwickelte sich. Der Lange schwieg und putzte zwischen dem Zapfen eifrig die Messingteile seiner Anlage. Ich beobachtete ihn interessiert.

Mein Alster war fertig. Er schob es schwungvoll zu mir rüber und widmete sich wieder seinen Zapfhähnen.

Plötzlich schrie eine keifende, hohe weibliche Stimme: „Herbert!“ Ich zuckte zusammen. Der Arme ließ den Lappen fallen und bewegte sich im Eiltempo der Stimme entgegen, wo auch immer sie her kam. Einige Minuten später kam der Herbert Genannte mit meinem Essen. Ich sah ihm gespannt entgegen. Als er mir den

Teller hinschob, sah ich aus den Augenwinkeln, dass er sich den Daumen ableckte. Dann erst betrachtete ich meinen Teller.
Großer Gott!
Herbert hatte einen großen Daumen. Der Abdruck war deutlich zu sehen, der Kartoffelsalat war tief eingedrückt und obenauf lag ein vertrockneter Zweig Petersilie. Daneben schmiegte sich eine verschrumpelte Bockwurst an den Salat.
Ich hatte genug. Mir war der Appetit gründlich vergangen. Ich trank mein Alster aus, legte einen Zehner auf den Tresen und schritt zum Ausgang. An der Tür wandte ich mich noch einmal um und sah, wie der Lange mein Essen verschlang.
Na dann, guten Appetit!

Weihnachtszauber?

Weihnacht im September

Schon Wochen vorher in den Läden
gibt es die ersten Weihnachtsmänner,
auch Tannenbäume hoch aus Schweden
sind im September schon der Renner.

Auch Tannengrün und viele Kerzen
schmücken überall die Straßen,
die Menschen winden sich in Schmerzen,
der Kommerz nimmt es gelassen.

Schon wird gekauft, oft auch in Massen,
fast wie in einer Inflation,
es füllt dem Handel nur die Kassen,
das soll es auch – was macht es schon?

Der Weihnachtssinn ist ganz vergessen,
war da nicht etwas von dem Stern?
Es wird nur noch nach Geld gemessen
und kein Gedanke an den HERRN.

Ist dann der Heilig Abend da,
du hast mit Müh dein Soll geschafft,
doch fragt man nach, was einst geschah,
bei vielen eine Lücke klafft.

Wer so verbringt die schönen Tage
und hetzt seit Wochen hin und her,
dem wird das Weihnachtsfest zur Plage
und er erinnert sich nicht mehr.

Adventszeit

Schon im Advent viel Kerzen brennen,
wie stets in dieser schönen Zeit,
die Menschen hasten, eilen, rennen,
getrieben von Begehrlichkeit.

Alle sind jetzt auf den Beinen,
es herrscht ein hektisch tolles Treiben,
und abends fängst du an zu weinen,
denn du musst Weihnachtskarten schreiben.

Dir schwinden langsam deine Kräfte,
doch schon beginnt die Heilge Nacht,
und schließlich schließen die Geschäfte,
doch hast du auch an IHN gedacht?

Die Zeit weist auf den Heiland hin,
auf ihn sollst du dich vorbereiten,
nur so hat diese Zeit auch Sinn,
die frohe Botschaft zu verbreiten.

Vaters Schlittenfahrt

Der erste Schnee blieb gleich liegen,
schon spielten Kinder in der Pracht,
und Schneebälle vorüber fliegen,
auch wird ein Schneemann schnell gemacht.

Vom Speicher noch den Schlitten holen,
aus dem Schrank die warmen Sachen,
die langen Unterhosen – sehr verstohlen,
dann hört man nur noch Kinderlachen.

Der Vater zieht den Schlitten an,
und Kinder lärmend auf ihm sitzen,
los geht es zu dem nahen Tann
und Eiskristalle leuchtend blitzen.

Ein Hügel ist das Ausflugsziel,
dort tummeln sich schon Völkerscharen,
so mancher auf die Nase fiel,
doch niemand lässt das Schlittenfahren.

Vater will 's den Kindern zeigen
und mutig ins Getümmel stürzen,
doch merkt er schnell beim „Berg besteigen":
Er muss die Abfahrt sehr verkürzen.

Dann beginnt die Rutschpartie
und endet je im tiefen Schnee,
er hält sich schmerzverzerrt sein Knie
und auch sein Rücken tut ihm weh.

Sie wickeln ihn in warme Decken
und ziehen seine Stiefel aus,
sein Körper ist voll blauer Flecken,
so ziehen sie ihn schnell nach Haus.

Schöne Bescherung!

Die letzte Adventszeit hatte es in sich gehabt. Kurz vor Weihnachten fehlte noch dieses und jenes. Gestresst hatte sie schließlich, weil es auch nichts mehr gab, einfach irgendetwas gekauft. Die langen Gesichter ihrer Familie hatte sie immer noch vor Augen. Deshalb hatte sie sich fest vorgenommen, die Weihnachtsgeschenke in diesem Jahr rechtzeitig zu besorgen. Leider blieb es auch dieses Jahr bei dem Vorhaben. Immer hatte sich irgendein Termin dazwischen gemogelt oder es gab wichtigeres.

Erst zwei Tage vor dem eigentlichen Fest, also in allerletzter Sekunde, hetzte Mathilde Mohr in die Stadt. Vollkommen planlos, ohne jede Vorstellung, was sie kaufen wollte, stürmte sie wie wild von Geschäft zu Geschäft.

Ihr Mann Hubert hatte seit heute Urlaub und war bei den Kindern. Außerdem musste der Weihnachtsbaum in den Ständer eingepasst und Oma sollte noch geholt werden. Mathilde hatte also den Nachmittag Zeit, ihre Besorgungen zu machen. Wieder, wie im letzten Jahr, waren die Regale fast leergefegt. Nach vier Stunden Schwerstarbeit, denn es herrschte trotzdem noch ein Gedränge und Geschiebe, hatte sie endlich alle Geschenke zusammen. Schwer bepackt suchte sie plötzlich ihr Auto. Wo hatte sie es nur abgestellt? Peinlich, wie sie so etwas in vier Stunden vergessen konnte! Es galt, Ruhe zu bewahren. Sie ließ die Anfahrt nochmals im Geiste Revue passieren und wusste dann endlich, wo sie das Auto abgestellt hatte.

Vollkommen außer Atem und mit schmerzenden Füßen verstaute sie schließlich ihre Sachen im Kofferraum und ließ sich ermattet in den Wagen plumpsen. Sie schloss kurz die Augen und fuhr dann los.

Während der Heimfahrt malte sie sich aus, wie sie gleich daheim nur noch ihre Schuhe ausziehen, die müden Beine hochlegen und die Augen schließen brauchte. Ein gar zu frommer Wunsch?

Vielleicht hatte sich auch jemand bequemt, das Abendbrot herzurichten. Eine wunderbare Vorstellung!
Vollkommen fertig, mit Blasen an den Füßen und einem schmerzenden Rücken, erreichte sie endlich das Haus. Gerade wollte sie die Haustür aufschließen, als ihr diese buchstäblich aus der Hand gerissen wurde und ihr vierjähriger Sohn Fritz heraus stürzte. „Mama, Mama!“, rief er aufgeregt und schmiss sich ihr in die Arme. „Hast du mir was mitgebracht?“
„Lass mich doch erst einmal reinkommen“, entgegnete Mathilde lächelnd. Sie drückte ihn an ihre Brust. Ihr Mann erschien im Eingang und lachte: „Er kann es nicht mehr abwarten. Hast du alles erledigt?“
„Ich glaube, ja.“
Hubert Mohr brachte die diversen Tüten und Kartons gleich in das elterliche Schlafzimmer, um die Geschenke bis zur Bescherung vor den Kindern zu verbergen. Frau Mohr indes hatte sich noch im Flur die Schuhe abgestreift und ließ sich im Wohnzimmer auf die Couch fallen.
„Das war vielleicht ein Nachmittag, ich bin vollkommen fertig“, sagte sie zu ihrem Mann, der gerade hereinkam. Sie spürte immer noch die erwartungsvollen Blicke vom Fritzchen, seine Wangen glühten vor Aufregung. Mathilde kramte in ihrer Tasche und förderte schließlich zwei Überraschungseier zu Tage. „Eins ist für dich, das andere für Sabine – aber die Tüten sind für Weihnachten!“ Im gleichen Augenblick tönte Sabines Stimme aus der Küche: „Abendbrot ist fertig, bitte zu Tisch!“
Plötzlich konnte Mama Mohr wieder lachen und rief erfreut: „Wir kommen!“
Ihre geheime Bitte war anscheinend erhört worden. In der Küche erwartete sie ihre Schwiegermutter und Sabine mit einem herrlich gedeckten Abendbrottisch. Während des Essens berichtete sie nun von ihrer Einkaufstour, aber von ihrer Autosuche erzählte sie nichts, es war ihr doch zu peinlich. „Morgen haben wir alle noch einen schweren Tag“, sagte Mathilde nach dem Abendessen. „Wir sollten früh schlafen gehen.“

Am nächsten Tag kam Fritzchen schon um sechs Uhr morgens in das elterliche Schlafzimmer gestürmt und wollte wissen, wann denn nun endlich Bescherung sei.
„Guten Morgen", sagte Vater etwas unwirsch und rieb sich die Augen, „ich will noch etwas schlafen."
„Mama, ich habe Hunger", quälte Fritz jetzt seine Mutter.
Notgedrungen, sie kannte ihren Sohn, erhob sie sich.
„Ich muss mich nur noch duschen", sagte sie ergeben, „marsch, in dein Zimmer!"
Fritzchen verschwand mit einem lauten Freudenschrei, wodurch Vater, der gerade wieder eingeduselt war, erneut hochschreckte.
Er wollte gerade loswettern, aber Fritz war schon in seinem Zimmer verschwunden. Eine halbe Stunde später zog Kaffeeduft durch das Haus und einer nach dem anderen fand sich in der Küche ein. Nur Vater war anscheinend wieder eingeschlafen. Mutter rief alle zum Frühstück zusammen. Schließlich saßen alle am Tisch und ließen sich die aufgebackenen Brötchen gut schmecken.
„Was wollen wir eigentlich an den Feiertagen essen?", fragte Mutter.
„Pizza!", trompetete Fritzchen lauthals heraus, „oder Pommes!"
„Ente mit Klößen und Rotkohl", sagte Vater und Oma nickte zustimmend. „Ich möchte lieber Kartoffelsalat, der schmeckt immer so gut", ließ sich Susanne vernehmen. Alle redeten wirr durcheinander, jeder versuchte sein Gericht anzupreisen.
„Ich mache beides, Ente und Kartoffelsalat, den Salat können wir auch am nächsten Tag noch essen", schlug Mathilde vor. „Oh, keine Pizza ...", ließ Fritz den Kopf enttäuscht hängen. Susanne und Oma hatten sich bereit erklärt, alle Einkäufe für das Weihnachtsessen zu tätigen.
Während Mathilde Mohr ihre banalen, täglichen Routinearbeiten verrichtete, wie das Essen für die Feiertage vorbereiten, Kuchen backen und waschen, hatten sich die beiden Männer in den Keller verkrümelt. „Wir haben noch zu tun", sagte ihr Mann und Fritzchen nickte stolz. Nur zum Essen kamen sie noch nach oben. Es galt, das Gestell für die Eisenbahn zu bauen. Vater hatte Fritzchen

nur gefragt, ob er ihm helfen wolle eine Vorrichtung zu bauen, die er für sein Werkzeug brauche. Und Fritzchen hatte begeistert in die Hände geklatscht und gerufen: „Papa und ich wollen bauen!“ Als Mutter Einwände erhoben hatte: „Für die Eisenbahn ist Fritzchen noch zu klein“, hatte Hubert nur erwidert: „Ich lerne ihn an!“ Auch dieser Tag ging zu Ende.

Am nächsten Morgen, Heiligabend, lief bis Mittag alles wie gewohnt ab. Das Wohnzimmer war ab 13. 00 Uhr für die Kinder eine Art Sperrzone, Vater übernahm wie jedes Jahr das Schmücken des Tannenbaumes und durfte dabei nicht gestört werden. Mutter hatte noch allerhand Vorbereitungen zu treffen, bis sie alle gegen 16. 00 Uhr den Gottesdienst besuchten. Nicht, dass sie besonders christlich waren, aber am Heiligen Abend gehörte es eben dazu. Außerdem waren das Krippenspiel und die Weihnachtsgeschichte immer so feierlich. Fritzchen rutschte in der Kirche unruhig hin und her und fragte ständig, wann es endlich zu Ende sei. Dann war es soweit. Man hatte wieder einmal erfahren, dass da Jesus vor über 2000 Jahren geboren wurde und man heute seinen Geburtstag feierte. So fragte auch Fritzchen neugierig: „Warum bekommen wir dann Geschenke und nicht Jesus?“

Niemand wusste eine Antwort; schließlich ließ sich Oma vernehmen: „Das ist eine lange Geschichte, die ich dir später einmal erzähle.“

Erst als Vater die elektrische Kerzenschnur in die Steckdose gestöpselt hatte – das erste Mal ohne Wachslichter – durften alle das Wohnzimmer betreten. Fritzchen rannte gleich begeistert zu den Geschenken, die unter dem Baum lagen. „Halt, erst wird gesungen!“, schrie Vater, obwohl er niemals mitsang und keinen Ton richtig hinbekam. Mutter stimmte an und dann erklangen
„Oh, du Fröhliche“ und „Stille Nacht“. Bescherung! Nach guter alter Sitte im Hause Mohr, fing der Jüngste an. Fritzchen stürzte sich auf seine Geschenke und riss das Geschenkpapier herunter.

„Mal langsam mit den jungen Pferden“, knurrte Vater. Aber Fritzchen ließ sich nicht aufhalten. Schnell waren unter lauten Jubelrufen ein Lederfussball, Malstifte und ein selbst gestrickter Pullover

ausgepackt, bis schließlich ein großer Karton übrig blieb. Auch hier wollte er mit ungestümer Gewalt den Karton öffnen, als Vaters energische Stimme erneut ertönte: „Da helfe ich dir besser", und schon saß er neben Fritz auf dem Boden. Vorsichtig, als wenn es sich um Glas handeln würde, entfernte er den Karton.
„Hurra, eine Eisenbahn!", rief Fritzchen und wollte sofort alles aufbauen und damit spielen.
„Die bauen wir am zweiten Weihnachtstag im Keller auf", bremste Vater erneut Fritzchens Tatendrang und ein Leuchten war in seinen Augen. Er hatte Mathilde davon überzeugen können, dass Fritz nun doch das richtige Alter hatte. Dass dabei auch insgeheim sein eigener Jugendtraum erfüllt wurde, verschwieg er vorsichtshalber peinlich.
„Susanne, du bist dran", ließ sich Oma vernehmen. Im Gegensatz zu ihrem kleinen Bruder entfernte sie vorsichtig Band und Papier. Auch sie hatte einen sehr schönen warmen Pullover, eine gefüllte Kulturtasche und eine herrliche Kette bekommen. Susanne fiel ihrer Mutter um den Hals, gab ihr einen Kuss und tätschelte ihrem Vater die Wange. „Es sind wunderschöne Sachen, die ich gut gebrauchen kann", sagte sie freudestrahlend.
Ein letztes großes Paket war jetzt noch übrig. Gerade wollte sie mit dem Auspacken beginnen, als Oma rief: „Das ist von mir, du musst damit aber vorsichtig sein!"
Bisher hatte das Fest noch kein Misston getrübt, das sollte sich aber gleich ändern. Als Susanne die erste Tasse zum Vorschein beförderte, ließ sich Omas Stimme erneut vernehmen. „Was soll ich mit dem ganzen Geschirr, ich kann ja doch nur aus einer Tasse trinken. Du kannst es später besser gebrauchen."
„Mutter, wie kannst Du nur!? Das ganze Geschirr hab ich dir Jahr für Jahr geschenkt, ich dachte immer, du freust dich?" Mutters Stimme klang ziemlich enttäuscht. „Da kann ich ja gleich dein Geschenk an Susanne weitergeben", beklagte sie sich.
Der erste Missklang war da. Alle guckten betreten zu Boden, nur Oma schien es überhaupt nicht peinlich zu sein. „Nun werde ich mal sehen, was der Weihnachtsmann mir gebracht hat", versuchte

Vater die Situation zu retten und begann nach dem ersten Päckchen zu greifen.
Plötzlich, ohne jeder Vorwarnung, erloschen alle Lampen, auch die neue Lichterkette am Weihnachtsbaum. Es herrschte absolute Finsternis. Der Schreck hatte wohl allen die Sprache verschlagen, niemand ließ einen Mucks hören. Doch schon in der nächsten Sekunde sollte das Chaos losgehen.
„Au, verdammt!“, tönte Vaters Stimme. „Lass doch mein Bein los!“, rief verzweifelt Susanne, während Fritzchen jubelte: „Juchu, juchu!“
Nur Oma war nicht zu hören.
Endlich hatte Mathilde Mohr tastend eine Kerze gefunden und angezündet. Dabei stieß sie sich mehrmals die Beine. Als sie mit dem trüben Licht ins Wohnzimmer kam, beleuchtete sie ein wirres Durcheinander!
Ihr Mann lag schimpfend unter einem Sessel, Susanne rieb sich die Stirn, eine leichte Schwellung wurde sichtbar und Fritzchen hatte sich über den bunten Teller hergemacht. Oma hatte alle Viere von sich gestreckt und schlief. „Mutter, wach auf, es geht weiter“, rüttelte Mathilde sie an der Schulter. „Was ist denn passiert?“, fragte sie noch schlaftrunken. „Ich habe Hunger!“
„Ach, du meine Güte! Das Essen, die schöne Ente!“, rief Mathilde entsetzt und stürmte mit der Kerze in die Küche. Wieder saßen die anderen im Dunkeln.
Doch Sekunden später erschien sie wieder. „Der Vogel ist nicht mehr zu retten“, sagte Mathilde gewollt burschikos. „Jetzt bleibt uns nur der Kartoffelsalat.“
„Den esse ich sowieso am Liebsten“, gab Oma ihren Senf dazu. „Ich auch!“, rief Fritzchen und alle lachten. Der Friede war wieder hergestellt, nur die weihnachtliche Stimmung wollte sich nicht wieder einstellen. Vater hatte in der Zwischenzeit seine Geschenke ausgepackt und die neue Pfeife, die er sich sehnlichst gewünscht hatte, in Brand gesteckt. Nur Mathildes Päckchen lag noch unterm Baum. „Erst essen wir, ab in die Küche“, scheuchte sie alle hoch. „Dann packe ich meine Geschenke aus.“

Beim Essen, der Salat war wie immer vorzüglich, sagte Vater plötzlich: „Im nächsten Jahr nehme ich wieder die Wachskerzen für den Weihnachtsbaum, das passiert mir nicht noch einmal!"
Wieder mussten alle herzhaft lachen.

Das Wunder

Jedes Jahr zur Heil'gen Nacht
erinnert sich der Mensch nur vage,
warum an diesen Tag gedacht,
so stellt sich mancher nun die Frage.

Doch Kirchenglocken mahnen dich,
erinnern dich, was du verloren
und niemand sich entziehen kann,
denn gerade du bist auserkoren.

In dieser schönen Weihnachtszeit,
geschah das Wunder dieser Welt
und unsre Herzen werden weit,
weil Gottes Sohn jetzt Einzug hält.

Durch die Geburt von Jesus Christ
wurden die Menschen erst befreit,
wer an ihn glaubt, erneuert ist,
von nun an, bis in Ewigkeit.

So hat das Fest auch einen Sinn,
obwohl der Mensch oft anders denkt.
Drum wende dich zu Christus hin,
denn heute hat er dich beschenkt.

Der Schein trügt

Endlich war es nun soweit,
doch hat es wieder nicht geschneit
wie so oft zur Heil'gen Nacht,
fehlte diese weiße Pracht.
Doch die Geschenke lagen schon,
für Oma, Eltern und dem Sohn,
unterm schmucken Tannenbaum.
Noch durfte niemand in den Raum.

So war nun alles längst bereit,
und deshalb hatten alle Zeit,
für Gottesdienst und Krippenspiel,
die Kirche war darum ihr Ziel.
Nur Oma blieb daheim zurück,
sie versuchte nun ihr Glück
und hoffte, dass es ihr geraten,
die Weihnachtsgans derweil zu braten.

Sie war alleine, als es schellte
und gerade Pellkartoffeln pellte.
Sie ging zu öffnen in den Flur
und dachte noch: Wer ist das nur?
Dann sah sie draußen im Gespann
Knecht Ruprecht und den Weihnachtsmann.
Die beiden trugen huckepack
einen großen schweren Sack.

Oma ließ die beiden rein,
der eine groß, der andre klein.
Sie strebten eilig in die Küche,
wohl angelockt durch die Gerüche.
„Wir haben dir was mitgebracht",
sagt der Weihnachtsmann und lacht.
„Äpfel, Nüsse, Mandarinen
und eine Schachtel Kirschpralinen."

Er legt die Sachen aufs Buffet.
„Kann ich mal auf ihr WC?",
fragt der Weihnachtsmann und geht.
„Wo 's Männchen an der Türe steht!",
ruft Oma ihm noch hinterher,
doch dieser hört den Ruf nicht mehr.
Derweil Knecht Ruprecht nun erfährt,
was man im Haus sich so beschert.

„Wir müssen leider wieder gehen",
gibt ihr Knecht Ruprecht zu verstehen:
„Man wartet auf uns fern und nah."
Jetzt ist der Weihnachtsmann auch da,
der macht am Ausgang nochmals kehrt,
weil seine Rute liegt beim Herd.
So läuft er schnell noch mal zurück,
denn diese ist sein bestes Stück.

Nun ist der Gottesdienst auch aus,
und die Familie kehrt nach Haus.
Noch aufgewühlt vom Krippenspiel
ist die Bescherung jetzt ihr Ziel.
Doch in des Baumes Kerzenschein
fängt Vater plötzlich an zu schrein,
auch Mutter ist nicht sehr erbaut,
denn die Geschenke sind geklaut.

Die silbernen Manschettenknöpfe,
die Armbanduhr und Omas Töpfe.
Doch der allergrößte Schreck:
Auch die Weihnachtsgans ist weg!
Es bleibt vom Vogel der Geruch
und Oma beichtet vom Besuch.
Es waren Gauner – doch verkleidet,
worunter nun ein jeder leidet.

Dunkle Tage

Dunkle Tage, Hoffnungsfrage,
der Advent leuchtend brennt,
helles Licht – warmer Schein,
Not durchbricht und macht rein.
Getrost geh'n wir zu ihm geneigt,
zum Kreuz, das Jesus Christus zeigt.

Christnacht

Die Nacht ist klar und doch sehr kalt,
am Himmel steht ein heller Stern,
vom Engelchor Gesang erschallt
und verkündet dir vom Herrn.

Auch hörst du ferne Glockenklänge,
in dieser heil'gen Winternacht
und du stimmst ein in die Gesänge,
ein Feuer jetzt dein Herz entfacht.

Aus vielen Kehlen klingen Lieder
zum Lob des Herren Jesu Christ,
seit vielen Jahren – immer wieder,
weil heute sein Geburtstag ist.

Nimm an die Botschaft seiner Liebe,
erfreue dich der großen Gnade,
ER schützt dich vor des Satans Triebe.
Gingst du verloren – wäre es schade!

Die Tanne

Jahr für Jahr zur Weihnachtszeit
muss ein Baum das Zimmer schmücken,
nicht zu groß, doch auch nicht klein,
soll er Menschen stets beglücken.

Er darf in keinem Hause fehlen,
so ist es hier nun mal der Brauch,
sehr sorgsam sollte man ihn wählen,
den heiß geliebten Weihnachtsstrauch.

Die einen wollen ihn mit Ballen,
und andre lieber frisch geschlagen,
er soll ja allen auch gefallen
und lange seine Nadeln tragen.

Geschmückt in Silber oder Gold
und in der Spitze einen Stern,
auch Rauschgoldengel lächeln hold,
so hat man ihn besonders gern.

Wie immer sieht er sehr gut aus
und alle Kinderaugen strahlen.
Es fehlt nur noch der Festtagsschmaus
und für Oma Puddingschalen.

Doch schon am Heilig Abend dann,
als wir Weihnachtslieder singen,
fängt der Baum zu nadeln an
und die Kirchenglocken klingen.

Müßiggang ist aller Laster Anfang

Ich schlenderte fast wie im Traum
durch einen Wald von Baum zu Baum.
Ich hob den Blick, sah auf den Zweigen,
die sich mir tief entgegen neigen,
grüne Nadeln spitz und kalt,
ich war in einem Tannenwald.

Ich sah mich um – gelangweilt, träge,
dann nahm ich meine Taschensäge,
die ich per Zufall bei mir trug.
Nun werde einer aus mir klug!
In weniger als zehn Sekunden
war dann der schönste Baum verschwunden.

Der nun – ich weiß nicht, wie es geht,
geschmückt in meinem Zimmer steht.

Heilig Abend

In die Augen, in die Herzen
dringt ein warmer, heller Schein,
wie von tausend Wunderkerzen,
hüllt er alle Menschen ein.

Heute ist der Tag des Herrn
und alle Menschen jubeln schon,
sie singen laut von nah und fern,
erzählen dir von Gottes Sohn.

Es ist uns allen heut geboren,
damit wir einst gerettet werden,
denn Gott hat seinen Sohn erkoren,
für die Menschen auf der Erden.

Wer an sein Wort und ihn stets glaubt,
der erhält ein ewig Leben,
denn Christus ist der Menschheit Haupt,
ihm sollen wir die Ehre geben.

Umkehr

Erste zarte Flocken
fallen sanft zur Erde,
es erklingen Glocken,
dass es Weihnacht werde.

Menschen sich besinnen
auf des Heilands Tod,
jeder kann gewinnen,
Rettung aus der Not.

Sich Christus übergeben,
dazu sei bereit,
er verspricht dir Leben
bis in Ewigkeit.

Und die Engel bringen
aus dem Himmelszelt
auf der Flügel Schwingen
Frieden in die Welt.

Winterzauber

Oh wundervolle Winterzeit,
wie trägst du stolz dein Hochzeitskleid,
verziert mit lauter Eiskristallen,
willst du den Menschen so gefallen.
Dein schönes Kleid ist weiß – aus Schnee
und dein Geschmeide schließt den See.

Die Kirchen schmückend sich verzieren
und es erklingt ein Jubilieren
aus dem weiten Himmelszelt.
Es ziehen Lieder um die Welt.
Frieden zieht in jedes Land,
Menschen reichen sich die Hand.

In den Häusern brennen Kerzen
und Versöhnung füllt die Herzen,
Liebe zieht in Völker ein,
alles glänzt im Lichterschein.

Oh wunderbare Winterzeit,
nun ist die Menschheit auch bereit,
dich Gott zu loben und zu preisen
und dir auch Ehre zu erweisen.
Denn du, oh Herr, bist Licht der Welt,
das jede Jahreszeit erhellt.

Tierische Szenarien

Es klopft

Es sitzt die Made mit dem Kinde
hinter eines Baumes Rinde,
sie schwelgen im Familienglück
und sind von dieser Welt entrückt.

Doch plötzlich klopft es draußen an,
wie man auch deutlich hören kann.
Das Klopfen wird bedrohlich laut,
voll Angst die Mad' durchs Astloch schaut.

Dann, außen an des Baumes Wand,
hat sie sofort den Specht erkannt.
Jetzt herrscht Gefahr im höchsten Grade,
für Madenkind und Mutter Made.

Sie zittern, aber kriechen tiefer
in den Stamm der alten Kiefer.
Doch der Specht hat aufgegeben,
die beiden Maden dürfen leben.

Tiergespräche

Es grunzt der Eber: Lieber Schwan,
hast du auch einen Backenzahn?
Doch dabei schaut er noch genauer:
Ich sehe bei dir keinen Hauer.

Du bist so weiß, dein Hals ist lang,
doch ich dreckig, voll Gestank,
auch kannst du stolz im Wasser liegen
und wenn du willst, sogar noch fliegen.

Darauf der Schwan: Mein gutes Schwein,
lass du das Schwimmen lieber sein,
auch fliegen kannst du nimmermehr,
denn du bist dick und viel zu schwer.

Wühle nur weiterhin im Dreck,
werde fett und liefre Speck,
du wirst nicht weiß, auf keinen Fall,
bleib lieber in dem Schweinestall.

Der Eber trollte sich geknickt.
Und als er eine Sau erblickt,
hat er sich gleich in sie verschossen,
so bleibt er bei den Artgenossen.

Untermieter

Vorbei ist reicher Kindersegen,
doch kann es auch ein Haustier sein,
was spricht denn eigentlich dagegen,
auch wenn es noch so klein?

Welches Tier kommt da in Frage?
Hamster, Meerschwein oder Maus?
Wird es dir vielleicht zur Plage?
Passt es zu dir und ins Haus?

Vielleicht doch lieber einen Hund
und mit Stammbaum soll er sein,
doch dann läufst du Stund um Stund,
wenn er auch nur noch so klein.

Auch mit Vögeln oder Fischen,
kannst du dir dein Heim verschönen,
mit Schlangen, die gefährlich zischen,
oder Katzen zum Verwöhnen.

Egal auch welche Wahl man immer fällt:
Ein Tier muss her, das ist dir wichtig,
ob es kräht, miaut ob bellt –
wähle mit Herz, dann ist es richtig.

Anleitung

Vor und Rück – zwei Seitenwände
und ein Dach mit Sonnenblende,
so werkelst du ganz ohne Hast,
bis auch der Boden eingepasst.

Noch an die Vorderfront ein Steg,
er zeigt den Vögeln ihren Weg,
dann sägst du noch die Öffnung aus
und fertig ist das Vogelhaus.

Der Wurm

Bei Regenwetter und bei Sturm
entflieht dem Erdreich oft ein Wurm,
bevor er wieder schnell verschwindet,
ihn ein passionierter Angler findet.

Als Köder wird er nun verwendet,
für Hering, Karpfen oder Hecht,
vielleicht in unsern Mägen endet –
bei dem Gedanken wird mir schlecht.

Gedanken eines Dressurpferdes

Gestriegelt und zurechtgemacht
stolzierst du, wie es sich gehört,
in eine ungeheure Schlacht,
als du in das Karree geführt.

Auf dir ein dicker Reitermann,
sein Gewicht macht dir zu schaffen,
auch hat er leider Sporen an,
die tun sehr weh bei den Piaffen.

Nur der Applaus stimmt dich oft heiter,
wenn du stehst mitten im Parcours.
Plötzlich meldet sich dein Reiter,
denn nun beginnt auch die Dressur.

Du läufst Galopp, im Trab und Schritt
und dabei stets die Hufe heben,
dein Reiter zählt die Schritte mit.
Hoffentlich geht nichts daneben.

Doch schon beim dritten Traversieren
kommst du aus deinem Gleichgewicht,
du drohst den Reiter zu verlieren,
entsetzt schreit auf das Preisgericht.

Auch dieser Schreck geht schnell vorbei,
der Reiter streichelt deinen Zopf,
doch du denkst nur an frisches Heu
und schüttelst müde deinen Kopf.

Verkannt

Die sieben Geißlein wären froh
und der Wolf dann ebenso.
Der Wolf stand immer im Verruf,
als man die vielen Märchen schuf,
er sei falsch und sehr gemein;
der Wolf behauptet: Aber nein!

Nun, der Erfolg der Brüder Grimm
war für mich doch äußerst schlimm,
ich wollt die Freiheit nur genießen,
doch jeder wollte auf mich schießen.

Auch wenn es schon sehr lange her,
ich stelle richtig jetzt die Mähr.
Zum Beispiel, was im Wald passierte,
als dort Rotkäppchen spazierte.

Sie wollte schnell zu Omas Hütte
und ich erfüllte ihr die Bitte,
ich zeigte ihr den Weg dorthin
und hatte nichts mit ihr im Sinn.

Des Försters Sohn hat es bedauert,
dass er ihr einst dort aufgelauert
und da die Schönheit ihn geblendet,
hat er sie dann im Wald geschändet.

Da sich die Oma es gedacht,
hat er sie auch noch umgebracht,
auch was geschah mit all den Ziegen,
sind lauter böse Märchenlügen.

Im Wasser

Es tummelt sich so mancher Fund
im Nass und auf dem Meeresgrund,
dort schwimmen Haifisch und der Wal,
der Kabeljau und auch der Aal.

Auch gibt es Thunfisch und Moränen,
die muss man unbedingt erwähnen,
Krebse, Austern und Langusten
mit Scheren sich zu wehren wussten.

Sogar der Igel und das Pferd,
schwimmen dort ganz unbeschwert
und durchsichtig wie Glas, die Quallen,
viel Kleingetier und auch Korallen.

Die Seekuh und der Elefant
ich auch im Wasser wieder fand,
und das, man glaubt es einfach nicht,
ohne Luft und ohne Licht!

Nachbetrachtung

An einem Tag im Forstrevier,
ich glaub, es war so gegen Vier,
da traf sich Igel und der Hase,
der stach am Igel sich die Nase.

Der Igel wispert: Tut mir leid,
auch habe ich es längst bereut,
dass bei dem Wettlauf vor zig Jahren,
da hielten wir dich nur zum Narren.

Ich stand damals an einem Ende
und meine Frau dann an der Wende.
Der Hase rief: Das ist nicht fair,
denn ich lief immer hin und her!

Ein Kuckuck hatte mitgehört
und schrie von seinem Ast empört:
Ihr solltet endlich Frieden schließen
und es mit Möhrensaft begießen.

Nur leider kam durch sein Geschrei
ein alter Keiler schnell herbei.
So blieb es leider beim Versuch,
zu schließen dieses Märchenbuch.

Fabelweisheiten

Wenn man den Fabeln glauben soll,
sind alle Tiergeschichten toll,
sie zeigen zu verschiedenen Themen,
wie sich auch Menschen so benehmen.

Zum Beispiel: Stahl der Fuchs ein Huhn,
was auch die Menschen oftmals tun,
wie Hase und Igel sich bekriegen,
so auch die Menschen sich belügen.

Auch Max und Moritz sind gemein,
sie sägen eine Brücke ein,
damit, wer kennt nicht das Gedicht,
ein Lehrer sich die Knochen bricht.

So schlagen Menschen immer wieder
hinterrücks den Nächsten nieder,
um hinterher erstaunt zu fragen:
Warum sollt ich dich niederschlagen?

Auch der Wolf wird bös zitiert,
weil er nach kleinen Ziegen giert.
Hat der Mensch denn ganz vergessen,
dass Tiere andere Tiere fressen?

Unsere alte Eiche

Ganz plötzlich verstanden mich meine Eltern nicht mehr. Es war an meinem vierzehnten Geburtstag, ich hatte eine Menge Freunde dazu eingeladen und es waren tatsächlich alle gekommen. Damit hatten meine Eltern nicht gerechnet. Die Bude stand Kopf, wie man so sagt. Aus jedem Zimmer in unserem Haus drang laute Musik und überall saßen, lagen oder standen meine Kumpels.
Mutter hatte Bowle, kalte alkoholfreie Getränke und Kaffee gemacht. Bis auf einige Mädchen, die sich über die Bowle hermachten, rührte aber niemand etwas an. Nicht dass sie nicht Durst hatten, aber diese Plörre trank man einfach nicht. Meine Freunde hatten vorgesorgt. Sie schmuggelten heimlich einige Kisten Bier und sogar harte Getränke in unser Gartenhäuschen.
Wer immer von Bowle und Mineralwasser die Nase voll hatte, strebte in den Garten und kam wenig später gutgelaunt zurück.
Irgendwann eskalierte meine Truppe. Sie grölten und johlten lauthals und als der Erste anfing zu kiffen, platzte meinem Vater der Kragen. Er beendete meine Geburtstagsfete und schmiss alle raus.
Ich war natürlich stinksauer. Das würde man mir nie verzeihen. Ich war für meine Kumpels gestorben. So eine Schande.
Vater hielt mir am nächsten Morgen eine Standpauke, verbot mir den Umgang mit den Chaoten, wie er sie nannte, und verhängte mir außerdem vierzehn Tage Stubenarrest.
Ständig hatte er an mir etwas auszusetzen. Es passte ihm nichts. Ich weiß gar nicht, was er immer hatte. An meiner Kleidung hatte er ständig etwas auszusetzen. Meine Jeans waren ihm zu speckig und ausgefranst und meine Frisur ungepflegt. Er ging mir auf den Keks. Natürlich glich ich mich dem allgemeinen Trend an. Wer will schon als Außenseiter gelten? Ich auf jeden Fall nicht! Da konnten meine Eltern machen, was sie wollten.
Er hatte mir sogar mit Taschengeldkürzungen gedroht. Dabei bekam ich doch nur wenig.

Nur Mutter hielt noch zu mir. „Dein Vater hat Ärger auf der Arbeit, das musst du verstehen“, versuchte sie, ihn zu entschuldigen. Und wer dachte an mich?
So versuchte ich, wenn es irgendwie möglich war, meinem Vater aus dem Weg zu gehen. Ich war gerade vierzehn geworden und wollte selbst entscheiden, was ich tat. Meine Kumpels bestärkten mich in meiner Meinung. Wenn man die hörte, waren die Eltern nur eine Übergangslösung. Irgendwann ist man sowieso auf sich alleine gestellt. Also, warum nicht gleich!
Schläfrig legte ich den Kopfhörer beiseite, stellte die Musik ab und legte mich entspannt zurück, als es plötzlich gewaltig krachte. Ich fuhr entsetzt in die Höhe. Die Müdigkeit war wie weggeblasen. Im gleichen Augenblick zuckten auch schon unzählige Blitze und erhellten mein Zimmer taghell. „Ach, bloß ein Gewitter“, tat ich großspurig und legte mich wieder hin. Trotzdem zog ich mir die Decke über den Kopf. Mit meinen knapp vierzehn Jahren fühlte ich mich schon richtig erwachsen. Nur Vater nörgelte seit einiger Zeit ständig an mir herum. „Der Junge hat nur Flausen im Kopf“, sagte er zu Mutter. „Als ich in seinem Alter war, wusste ich schon, was ich werden wollte. Aber er ...“, ließ er die Frage offen. Jeder wusste aber, was er dachte.
Natürlich kränkte und ärgerte mich Vaters abwertende Beurteilung. Deshalb ging ich ihm aus dem Wege und mied seine Nähe. Das machte ihn noch wütender. Natürlich wusste ich, was ich später werden wollte: Pilot! Aber wenn ich es Vater sagen würde, hätte er wahrscheinlich nur hämisch gelacht. Das wollte ich vermeiden.
Es blitzte und donnerte immer stärker und der Regen prasselte gegen meine Scheibe. Das Gewitter musste jetzt bei uns sein. Das Zählspiel kannte ich. Wenn du nach dem Blitz die Sekunden bis zum Donner zählst, so viele Kilometer ist das Gewitter noch entfernt.
Wieder hellte ein Blitz mein Zimmer auf und gleichzeitig krachte es ohrenbetäubend. Irgendwo musste der Blitz eingeschlagen haben, dachte ich noch, als ich auch schon Vater schreien hörte: „Es brennt!“

Im gleichen Moment riss Mutter die Türe zu meinem Zimmer auf und rief: „Dir ist doch nichts passiert?"
„Aber Mutter", so nannte ich sie liebevoll. „Hier hat es doch nicht eingeschlagen!" Dann rannten wir gemeinsam nach unten. Vater stand wie angewurzelt vor der Terrassentür und zeigte entgeistert in den Garten. „Da,... da!", stotterte er ein wenig hilflos. Dann sahen wir auch was er meinte.
Hinten in unserem Garten schlugen Flammen aus irgendeinem Gegenstand. Der nächste Blitz gab uns Gewissheit. Es musste unsere riesige Eiche sein, die brannte. Vater erwachte aus seiner Erstarrung, rannte in die Garage, riss den Feuerlöscher aus seiner Halterung und verschwand im Garten. Wir hinterher. Tatsächlich hatte der Blitz in unsere alte Eiche eingeschlagen. Trotz des Regens züngelten noch immer die Flammen an dem riesigen Stamm.
Schnell löschte Vater das Feuer. Dann starrten wir ungläubig auf den Baum. Der Blitz hatte ein gewaltiges Loch in den Stamm geschlagen, das auf der Rückseite seinen Ausgang hatte. Ein Kind oder ein schlanker Körper konnte sich durch neue Öffnung wahrscheinlich hindurch zwängen. Aber die größte Überraschung sollte uns noch bevorstehen. Als auch die letzte Flamme gelöscht war und der Rauch sich verflüchtigt hatte, stöhnte Papa entsetzt:
„Ein Wunder! Das glaubt mir niemand!" Sein ausgestreckter Arm zeigte auf den Stamm und das riesige Loch. Wir verstanden ihn noch immer nicht.
„Seht doch!", rief er. „Der Stamm ist noch nicht einmal verkohlt." Tatsächlich! Nichts war zu sehen. Keine Verbrennungen oder verkohlte Stellen. Vater umrundete mehrmals den Baum und schien Mutter und mich vergessen zu haben, glaubten wir. Ein Irrtum, wie sich bald herausstellen sollte. Mutter drängte ins Haus zurück. Erst jetzt spürten wir den Regen, der uns vollkommen durchnässt hatte. Natürlich konnte niemand mehr schlafen. Ich hörte meine Eltern noch lange miteinander reden, bevor mir endlich die Augen zufielen.
Gegen Morgen, es war dunkel, wurde ich plötzlich wach. Wie unter einem Zwang stand ich auf und trat ans Fenster. Dann sah ich

es. Ein seltsames, blaues Licht. Es leuchtete so grell, dass ich geblendet die Augen schließen musste.

Was war das? Wie ein kleiner Feuerball stand er genau über der Eiche. Doch plötzlich verschwand dieses seltsame Gebilde wie von Geisterhand. Träumte ich? Ich rieb mir die Augen und starrte erneut in die Finsternis. Doch die Erscheinung kam nicht wieder. Schnell kroch ich noch einmal ins warme Bett und überlegte. Aber keine gescheite Lösung wollte mir einfallen. Am nächsten Morgen beim Frühstück wagte ich niemanden anzusehen. Wahrscheinlich hätten meine Eltern mir sofort angesehen, welches Geheimnis ich bewahrte. Schnell schlang ich mein Frühstück runter, drückte meiner Mutter einen Kuss auf die Wange und stürmte aus dem Haus. Ich konnte einfach nicht darüber sprechen. Noch nicht. Vielleicht mit Peter, meinem Freund. In der Schule, im Unterricht war ich mit meinen Gedanken bei dem Blitzeinschlag. Gab es ein Feuer, das nicht Verbrennungen hervor rief? Und dieses helle Licht. Seltsam! In der großen Pause erzählte ich Peter erst einmal vom Blitzschlag in unsere Eiche. Von den fehlenden Verbrennungen und dem Licht sagte ich nichts. „Toll, das muss ich sehen!", rief er sofort begeistert. „Kann ich nach der Schule mitkommen?" Peters Augen hinter seiner Brille glänzten und funkelten begierig.

„Natürlich." Da wir im Klassenraum nicht zusammensaßen, konnte ich weiteren Fragen ausweichen und dem Unterricht einigermaßen folgen. Später stand Peter staunend vor der Eiche und betrachtete sie von allen Seiten. „Phänomenal!", rief er. „Doch ich vermisse verkohltes Holz, das gibt es doch gar nicht. Es muss doch gebrannt haben!" Jetzt konnte ich mich nicht mehr zurückhalten und erzählte Peter von dem Feuer, das keine Verbrennungserscheinungen hinterlassen hatte. „Dafür gibt es bestimmt eine Erklärung." Ich beobachtete ihn, wie er grübelnd seine Stirn in Falten legte. „Es fällt mir im Augenblick keine plausible Erklärung dafür ein, aber ich werde mich schlau lesen." Er hatte es plötzlich sehr eilig und verabschiedete sich.

„Bis, Morgen!", rief er und verschwand. Ich ging auf mein Zimmer und widmete mich den Schularbeiten. Anscheinend hatte Vater im

Büro für die Eiche Reklame geschlagen, denn er kreuzte mit vier seiner Kollegen auf. Das wäre noch in Ordnung gewesen, aber Papa verkündete großspurig, dass nach der Besichtigung ein kleiner Imbiss bereitstehen würde. Während die Kollegen im Wohnzimmer warteten, zerrte Mutter meinen Vater in die Küche und wetterte wütend los. „Der feine Herr befiehlt und ich muss springen. Das könnte dir so passen. Du hättest zumindest anrufen können. Wie soll ich so schnell etwas zu essen herzaubern?“ Ich hatte mir inzwischen auf der Treppe einen Platz gesucht und wartete gespannt. Papa schien nur noch seine Eiche im Kopf zu haben, denn er ging ins Wohnzimmer zurück und sagte im Weggehen: „Du machst das schon. Sag dem Filius, dass er in den Garten kommen soll.“ Ich schlich vorsichtig die Treppe runter und öffnete die Küchentür. Mama stand da mit hochrotem Kopf und zerknüllte ihre Schürze. Als ich die Küche betrat, fuhr sie erschrocken herum. Plötzlich, schossen ihr Tränen in die Augen, und sie schluchzte: „Ach Tim“ und schloss mich in die Arme. „Übrigens, du sollst zu Vater in den Garten kommen.“ Sie putzte sich die Augen, überlegte einen Moment und sagte: „Richte deinem Vater aus, dass ich einen Spaziergang mache.“ Damit wandte sie sich ab und ging in ihr Schlafzimmer. Ich ließ mir Zeit. Langsam schlenderte ich zur Eiche. Von Weitem hörte ich schon Vater über seinen Einsatz mit dem Feuerlöscher berichten. „Und nun kommt das Grandiose“, hörte ich ihn dozieren. „Obwohl der Stamm lichterloh brannte, weist der Baum keinerlei Brandspuren auf.“ Eine gewisse Scheu hielt seine Kollegen davon ab, in die Aushöhlung zu greifen.
Jetzt hatte mich Vater erblickt. „Komm doch mal näher, Tim. Du bist doch ein mutiger Junge. Das hat er von mir“, prahlte Vater und zeigte auf die Höhlung im Baum. „Kriech doch einmal durch. Ich passe ja nicht in diese Spalte“, lachte er wiehernd.
Wirre Gedanken schossen mir blitzschnell durch den Kopf. Ich dachte an das geheimnisvolle Licht und die merkwürdigen Vorgänge durch das Feuer. Wie unter einem Zwang rutschte mir das Nein heraus. Entgeistert drehte sich Vater nach mir um. „Was hast du gesagt?“ Ungläubig starrte er mich an. „Nein“, sagte ich noch

einmal. „Und Mama ist spazieren gegangen." Dann rannte ich schnell davon. Wo war jetzt Mutter? Ich rannte, den Tränen nahe, die Straße runter und hoffte, Mama zu finden. Wie lange ich so herumlief, weiß ich nicht. Doch endlich sah ich sie. Befreit lief ich auf sie zu und wir lagen uns in den Armen. Sprudelnd erzählte ich ihr, was Vater von mir verlangt hatte. „Du Armer, lass uns nach Hause gehen." Zornig empfing uns Vater. Er stand zitternd in der Diele und bellte sofort los, als er wir ihm gegenüber traten.
„Das war eine Blamage für mich. Vor meinen Kollegen weigert sich der Bengel zu gehorchen. Du Memme!", rief er wütend. „Dir werde ich die Leviten lesen." Drohend kam er einen Schritt auf mich zu und hob die Hand, als sich Mutter schützend vor mich stellte.
„Wage nicht, den Jungen anzurühren!", rief sie zitternd, aber entschlossen. Damit hatte Papa wohl nicht gerechnet. Immer noch wütend wandte er sich ab und verschwand im Wohnzimmer. Die einsetzende Geräuschkulisse bedeutete, dass er sich durch den Fernseher abreagierte. Hoffentlich! Auch zum Abendessen blieb Papa demonstrativ im Wohnzimmer und ließ sich berieseln.
Später auf meinem Zimmer, kamen mir Vaters Aussprüche wieder in den Sinn. Was hatte er noch gesagt? Ich sei eine Memme? Auf einmal!
Vorher war ich sein Großer. Ich nahm mir vor, ihm das Gegenteil zu beweisen. Morgen, ja morgen wollte ich durch die Aushöhlung kriechen. Als ich im Bett lag, hörte ich Vater mit Mutter streiten. Plötzlich schrie Vater: „Jetzt kann ich noch nicht einmal ein paar Freunde mitbringen, das wird ja immer schöner."
Mutter erwiderte irgendetwas, das ich nicht verstand, worauf Vater erneut schrie: „Dann kann ich ja gleich ausziehen!"
„Dann geh doch!" Kurze Zeit später klappte die Haustür. Ich sprang aus dem Bett und rannte nach unten. Mama saß vollkommen aufgelöst in der Küche und weinte.
„Ist Papa weg?"
Sie nickte nur und plötzlich lagen wir uns in den Armen. Nach einer Weile schickte sie mich zurück ins Bett. „Du musst morgen früh zur Schule, geh schlafen." Nur widerwillig ließ ich Mutter

jetzt alleine. Trotzdem ging ich nach oben. Irgendwann schlief ich auch ein.

Am nächsten Morgen waren wir immer noch alleine am Frühstückstisch. Mutter sah schlecht aus. Bestimmt hatte sie die Nacht durch geweint. Ich wagte nicht sie nach Vater zu fragen. In der Schule konnte ich mich nicht konzentrieren. Immer wieder beschäftigte mich Vaters Wutausbruch, sein Verschwinden und natürlich meine bevorstehende Mutprobe. Als Peter mir die Zusammenhänge über die fehlenden Verbrennungen am Baum zu erklären versuchte und nach dem Unterricht mitkommen wollte, schützte ich keine Zeit zu haben vor. Schnell fuhr ich heim. Nach dem Mittagessen verkroch ich mich auf mein Zimmer und bereitete mich innerlich auf das Wagnis vor. Jetzt wollte ich es riskieren. Heimlich schlich in den Garten. Der Anblick der gewaltigen Eiche mit der dunklen Aushöhlung ließ mich einen Moment zögern. Jetzt oder nie. Ich gab mir einen Ruck und stieg in das unheimliche Loch. Ich hatte es fast geschafft, als plötzlich eine geheimnisvolle Kraft an meinen Beinen zog. Ich versuchte mich frei zu strampeln, aber je mehr ich dagegen ankämpfte, umso so intensiver wurde das Ziehen. Dann plötzlich hörte ich wie jemand meinen Namen rief. „Tim! Tim!", gellte es in meinen Ohren. Ich versuchte zu antworten, aber meine Stimme versagte.

Dann erkannte ich die Stimme meiner Mutter. „Tim, du musst aufstehen! Es ist höchste Zeit für die Schule!“ Plötzlich konnte ich auch meine Augen öffnen. Ich erkannte Mutter am Fußende, die gerade ein letztes Mal an meinem Bein zog und lachend sagte: „Na endlich, ich dachte schon, du wachst gar nicht mehr auf.“ Sie ließ meinen Fuß los und plötzlich hörte auch das Ziehen auf. Hatte ich etwa geträumt?

Als ich dann später in die Küche kam um zu frühstücken, saß Papa am Tisch und begrüßte mich freundlich. „Na, mein Großer, hast du gut geschlafen?“ Ich nickte stumm. Noch hielt mich mein schrecklicher Traum gefangen. Während ich mein Brot herunterschlang, beobachte ich heimlich Vater. Aber er plauderte fröhlich mit Mutter.

Endlich glaubte auch ich, dass alles nur ein böser Traum gewesen war. Gott sei Dank!
Doch bevor ich zur Schule fuhr, machte ich noch einen Abstecher zu unserer Eiche. Sie stand vollkommen unbeschädigt da. Jetzt war es klar, und ich schämte mich ein wenig.

Gott sei Dank!

Beruf und Berufung

Ansehen und Ruhm

Der hat die Macht in seinen Händen,
wer ohne Skrupel und brutal
den anderen versucht zu blenden,
Gott sei Dank, oft nur verbal.

Hast du viel Geld – egal woher,
gibt man dir unbegrenzt Kredit,
du glaubst dann auch: Ich bin doch wer!
Und steigst empor, was auch geschieht.

Du möchtest unbedingt wer sein,
doch klebt an deinen Schuhen Dreck,
zerplatzt dein aufgebauter Schein,
und manchmal leider auch dein Scheck.

Nichts ist geblieben von der Ehre,
im Gegenteil – nun kommt der Fall,
er reißt dich plötzlich in die Leere
mit einem ungeheuren Knall!

Und die Moral von dem Gedicht:
Achte stets auf Umgangsformen,
sonst verlierst du dein Gesicht
und leider auch die Lebensnormen.

V. I. P.

Wer sich behängt mit viel Geschmeide
und Mäntel trägt aus Nerz und Zobel,
steht oft beim Kaufmann in der Kreide
und rühmt sich noch: Was bin ich nobel!

Wer Autos fährt in Staatskarossen
hat auch 'ne Jacht im Mittelmeer,
hat Kaviar und Sekt genossen
und glaubt dann noch: Ich bin doch wer!

Wer, wenn er isst, die Finger spreizt
und trägt nur Sachen von Dior,
doch ständig mit dem Trinkgeld geizt,
wird nur belächelt wie ein Tor.

Wer hinter die Kulissen schaut,
erkennt: Es ist nicht alles Gold was glänzt
und niemand diesen Menschen traut,
auch wenn man noch so viel kredenzt.

Drum bleib in allem sehr bescheiden,
auch wenn man stets nur oben thront
und lass das Protzen lieber bleiben,
es hat sich für dich nicht gelohnt.

Der Kommissar

Mit ernster Miene und verschwiegen
schaut er sich stets den Tatort an
und sieht so manche Leiche liegen,
die leider nichts mehr sagen kann.

Im Trenchcoat und verbeulter Hose,
die kalte Pfeife in dem Mund,
wirft er sich manchmal auch in Pose,
mit – und auch mal ohne Hund.

Die Arbeit macht der Assistent,
er prüft, verhört und recherchiert,
vom Tatort zu den Zeugen rennt,
der Chef nur in die Gegend stiert.

Dann plötzlich hat er die Idee,
sein Assistent schaut ganz perplex,
der Täter handelte mit Schnee,
das schnüffelte Kollege Rex.

So ist es oft mit den Geschichten,
die man dem Leser präsentiert,
so kannst du dir zusammendichten,
dass der Gärtner stets verliert.

Der späte Künstler

Fast jeder spürte schon den Drang,
als Künstler kreativ zu sein,
denn ohne Kunst sein Leben lang,
bereitet auch Banausen Pein.

Schon Kunst zu lieben, ist nicht leicht,
sie dann auch zu produzieren,
fällt so manchen doch nicht leicht
und es bleibt stets beim Probieren.

Bist mit dem Latein am Ende,
weil dich geküsst hat nicht die Muse,
nimm keine Note in die Hände,
denn du wirst niemals eine Duse.

Der Geiger

Der Interpret betritt die Bühne,
in sich gekehrt und konzentriert,
trägt unterm Arm die Violine,
die auf Hochglanz ist poliert.

Gemessen schreitet er zur Mitte
und hofft, dass alle applaudieren,
denn dieses ist im Haus so Sitte,
doch die Gäste sich heut zieren.

Stattdessen hört er nur Geraune,
das ändert schnell des Geigers Laune,
verdattert neigt er weit den Kopf,
doch jetzt entfaltet sich sein Zopf.

Er flattert wild um seinen Schädel,
er sieht jetzt aus, wie Nachbars Mädel
und der Applaus, den man verwehrte,
endlich ihm doch noch bescherte.

Als der Beifall sich dann legt,
er wütend von der Bühne fegt.
Nur leider hat er ganz vergessen,
sich im Geigenspiel zu messen.

Chorsänger

Nicht jeder wird zum Opernstar,
doch in einer großen Schar
wirst du vielleicht ein Sängerknabe
und kannst krächzen wie ein Rabe.

Denn Chormusik ist weit verbreitet,
egal, mit Männern oder Frauen,
wenn da einmal ein Ton entgleitet,
kannst du entsetzt auf andre schauen.

Hier ist Gemeinschaftssinn der Zweck
und niemand wird auch zum Caruso,
kannst du nicht folgen – sing Playback,
kannst du gar nichts, na dann tu so.

Dem Leiter dieses Chors ist wichtig,
dass keiner frech dazwischen kräht,
drum streng dich an und singe richtig,
sodass jeder dich versteht.

Der Leiter übt in deiner Brust,
mit viel Lala und auch Mimi,
dass dir das Singen wird zur Lust
und es erzittern dir die Knie.

Doch war es nie dein Chorbestreben,
zu lesen alle Notenzeichen,
so war es dir auch nicht gegeben,
jemals den Taktstock zu erreichen.

Der Opernführer

Wer sich für Opern interessiert,
will hören, aber auch was sehen,
deshalb hat er dann abonniert
für das klassische Geschehen.

Du kennst dann viele Komponisten,
von alten Meistern große Stücke,
auch Dirigenten und Solisten
und mancher Opern große Tücke.

Ob nun Wagners Lohengrin,
oder von Richard Strauß die Salome,
es zieht dich ins Theater hin,
auch zu Suppe' mit Galathee.

Sogar von Berg kennst du Lulu,
von Lortzing Zar und Zimmermann,
du hörtest auch bei Schiller zu,
bei dem man viel erleben kann.

Du kennst dich aus in dem Metier,
hörst gerne Wagners Parsifal,
auch liebst du Carmen von Bizet
und Verdis großen Maskenball.

Nur leider blieb es dir verwehrt,
du hättest dich sonst sehr gefreut,
denn dieses Stück ist heiß begehrt,
die Nibelungen in Bayreuth.

Der Poet

Erst kürzlich hab ich so gedacht,
du könntest auch mal wieder dichten,
was dir und andern Freude macht:
Gereimte Verse und Geschichten.

Anlässe gibt es stets genug,
Geburtstage und Hochzeitsfeiern,
nicht sehr anspruchsvoll und klug,
aber auch nicht runterleiern.

Schnell einen Bleistift und Papier
und eine heiße Tasse Tee,
seit einer Stunde sitz ich hier
und stumm aus meinem Fenster seh.

Ich zermürb mir das Gehirn,
doch alles bringt mich nicht ans Schreiben,
kein roter Faden, auch kein Zwirn,
am liebsten lass ich alles bleiben?

Wo sonst die Worte nur so sprudeln,
ist es heute wie vertrackt
und die Gedanken leider trudeln,
weil große Leere mich gepackt.

Dann plötzlich fällt mir doch was ein,
auf meinem Blatt ein Verslein steht,
ist der Gedanke noch so klein,
du fühlst dich wieder als Poet.

Krankenschwestern

Wer andre Menschen hegt und pflegt
und dabei auch den Blutdruck misst,
im Laufschritt durch die Zimmer fegt
und die Tabletten nie vergisst,
schaut dabei auch noch freundlich drein,
das muss die Krankenschwester sein.

Wer mit den Ärzten visitiert,
ist immer nett zu allen Kranken,
vorm Nachturin sich nicht geniert
und kann vor Arbeit nur noch wanken,
wer verbindet Arm und Bein,
das muss die Krankenschwester sein.

Wer Fieber misst oral, rektal
und der Patienten Betten macht,
im Fernsehen sucht dir den Kanal,
gestresst ist, aber trotzdem lacht,
wer dir stets hilft bei deiner Pein,
das muss die Krankenschwester sein.

Wer dir das Essen bringt – püriert
und wischt dir Tränen aus den Augen,
wer dir auch dein Brot mal schmiert
und prüft, ob auch die Betten taugen.
Der gute Geist im Krankenhaus,
sieht nach der Krankenschwester aus.

Gefährliches Gelb

Dein Hund liegt hechelnd in dem Garten,
er scheint auf jemanden zu warten,
noch sonnt er sich und reckt sich faul
und leckt genießerisch sein Maul.

Dann plötzlich schreckt er knurrend auf
und scharrt mit seinem Hinterlauf,
dann bleckt er seine gelben Zähne
und sträubt auch wütend seine Mähne.

Bellend springt er auf zum Tor,
ein gelbes Auto fährt nun vor.
Die Post will dir zwei Briefe bringen,
doch heute will dies nicht gelingen.

Der Bote hupt – im Auto sitzend,
voller Angst erheblich schwitzend.
Erst als dein Hund nun angekettet,
ist auch deine Post gerettet.

Freizeit aktivitäten

Vereine

Schon wieder ist ein Jahr zuende
und viele Menschen zieh'n Bilanzen,
auch die Vereine, Clubs, Verbände
überprüfen die Finanzen.

Der Vorstand rechnet Tag und Nacht
und behebt auch manchen Schaden,
dann ist es endlich auch vollbracht;
wer Mitglied ist, wird eingeladen.

Auch kommen all die Aktionäre,
der Vorstand nimmt die Plätze ein,
um dann bei lockrer Atmosphäre
geniesst man hier sein Hühnerbein.

Der Vorsitzende beginnt den Reigen,
begrüßt die Menge noch aktiv,
alle anderen nur schweigen
und der Protokollchef schlief.

Jetzt spricht noch der Kassenwart,
geübt er durch die Zahlen hastet,
sein Fazit ist, er hat gespart,
er wird durch Handheben entlastet.

Als dann der Schriftführer erwacht,
die Ersten schon nach Hause gehen.
Wer Aktionär ist, nur noch lacht,
ich kann die Leute gut verstehen.

Ländlicher Wochenmarkt

Nur wer nah am Marktplatz wohnt,
sieht im trüben Licht vom Mond
und aus seinem Bett entflieht,
was auf diesem Platz geschieht.

Es ist mal wieder Wochenmarkt,
und viele Stände sind geparkt,
es wird gebaut bis kurz vor acht,
bis das Dorf endlich erwacht.

Erst einmal die Runde laufen,
auf einer Bank auch mal verschnaufen,
begrüßen und sich was erzählen
um dann das Richt'ge auszuwählen.

So gibt es Blumen oder Pflanzen,
Spielfiguren, die auch tanzen,
den stets beliebten Eiermann,
den Bäckerstand mit Marzipan.

Viel Obst, Gemüse oder Fisch,
es ist – so sagen sie – ganz frisch,
Kartoffeln, Fleisch und Haushaltswaren,
im Dutzend kann man auch was sparen.

Bis zwölf Uhr mittags geht der Trubel,
doch verhalten ist der Jubel,
dem Händler schmerzen seine Beine,
die Hände zählen Euroscheine.

Die Prüfung

Du konntest doch schon immer fahren,
obwohl du noch sehr jung an Jahren,
hast du heimlich ausprobiert,
wie ein Auto wird kutschiert.

Jetzt geht das Lernen richtig los
und deine Nerven liegen bloß,
in Theorie mit all den Fragen,
versucht man dir Angst einzujagen.

Am Prüfungstag wirkst du beklommen:
Welche Fragen werden kommen?
Und dann wird es richtig hart,
denn nun folgt die erste Fahrt.

Doch die Fahrt klappt richtig gut
und das macht dir dann auch Mut.
Der Prüfer sagt: Fahr mal rechts ran!
Was das wohl bedeuten kann?

Du denkst an all die Durchfallquoten,
in deiner Kehle steckt ein Knoten,
du fühlst dich plötzlich schwach und klein,
doch du bekommst den Führerschein.

Doch dann die Fahrt in Papas Wagen,
scheinst du gänzlich zu versagen,
denn an einer engen Stelle,
bekommt das Auto eine Delle.

Kaufrausch

Zu Hause hast du mit Bedacht
den Einkaufszettel dir gemacht,
weil es doch leider oft geschieht,
dass man beim Einkauf sich versieht.

Im Laden dann bist du von Sinnen:
Wo soll ich eigentlich beginnen?
Das Sortiment ist massenhaft,
was nur noch mehr Begehren schafft.

Du läufst nun ziellos hin und her
und kaufst natürlich vieles mehr,
der Einkaufszettel ist vergessen,
als hättest du ihn nie besessen.

Bei vielen Dingen bist du schwach,
doch an der Kasse wirst du wach,
wenn es denn ans Bezahlen geht,
dann ist meistens oft zu spät.

Zu Hause hast du mit Bedacht
den Einkaufszettel dir gemacht.
Doch auch beim nächsten Einkaufsbummel,
geht wieder los der gleiche Rummel.

Der Opernball

Sie wollte heut zum ersten Mal
zum lang ersehnten Opernball
und schmückte sich schon beizeiten
mit all den goldnen Kleinigkeiten.
Auch ihr Ballkleid, das aus Seide,
passte bestens zum Geschmeide
und auch das Haar saß schon perfekt,
sie sah aus – wie sagt man – wie geleckt.

Zuletzt kam Mutter mit Juwelen
und sagte: „Lass sie dir nicht stehlen,
denn sie sind echt und auch sehr teuer,
sie sind von Omas Hochzeitsfeier."
Dann drängte sie: „Bist du soweit?
Denn Vater steht schon längst bereit,
um dich zum Opernball zu fahren",
und zupfte noch an ihren Haaren.

Das Ballhaus war recht gut besucht
und alle waren gut betucht.
Der Ball begann – Musik erklang,
dann fing es an, na Gott sei Dank.
Man lachte laut, war guter Dinge,
damit die Feier auch gelinge
und der Schampus floss in Strömen,
ein jeder ließ sich so verwöhnen.

Zur gleichen Zeit, als Korken knallten,
schlichen zwei finstere Gestalten
zum Zählerkasten im Parterre,
damit man so den Lichtschein sperre.
Zuvor hatten sie ganz unverdrossen
sämtliche Türen abgeschlossen.
Dann plötzlich, es war so gegen Acht,
ward es im Saal dann dunkle Nacht.

Die Frauen schrien in höchsten Tönen,
als wollte jemand sie verwöhnen.
Es dauerte nur ein paar Sekunden,
dann war der Spuk und Schmuck verschwunden.
Vom Schmuck entblößt, bar der Fassade,
wirkten die Frauen plötzlich fade.
So endete der Opernball
mit einem dreisten Überfall.

Die Einweihungsfeier

In deine Wohnung, die neu und groß,
lädst du dir viele Freunde ein,
denn bei dir war nie was los,
das soll doch diesmal anders sein.

Doch schon beim Einkauf wird dir warm,
die Preise sind nicht nur zum Lachen,
dein Einkaufskorb hängt schwer am Arm,
mit all den vielen, leckren Sachen.

Du hast zwei Sorten teuren Sekt,
Salat, Gurken und Tomaten,
ein Dessert, das allen schmeckt
und Gemüse zu dem Braten.

Dann stehst du Stunden in der Küche,
jetzt hast du nur noch wenig Zeit,
dann künden herrliche Gerüche,
dass auch der Braten ist so weit.

Auch hast du toll den Tisch gedeckt,
du schaust zur Uhr – es ist schon Vier,
noch schnell die Kerzen angesteckt,
du siehst gespannt zur Eingangstür.

Betrübt kannst du es nicht verstehen:
Wie kann man nur die Einladung vergessen?
Du hast dich in dem Tag versehen,
jetzt musst du alles selber essen.

Flohmarkt

Der ganze Plunder auf dem Boden
und Kleider aus vergangenen Moden,
davon willst du dich jetzt trennen,
oder einfach sie verbrennen.

Auf dem Flohmarkt, der begehrt,
schleppst du auch das Schaukelpferd
und Matchbox Autos, die noch laufen,
willst du jetzt und hier verkaufen.

Viele Menschen drängeln, schieben,
beäugen kurz, was sie so lieben,
doch die Sachen bleiben stehen
und die Menschen wieder gehen.

Du hast noch nicht mal einen Schein,
gefrustet packst du alles ein,
weil der Tag dir jetzt auch reicht,
denn Verkaufen ist nicht leicht.

Beim Friseur

Das Schönste an dem Haarsalon
sind doch oft die Klatschgeschichten,
das Blatt kennt dabei kein Pardon
und will dir alles neu berichten.

So sind die Frauen voll im Trend,
wenn sie sich hübschen und verzieren
und dabei zum Friseur sie rennt,
der kann sie dann ganz neu frisieren.

Dem Meister ist die Sucht bekannt,
er hat schon manches ausprobiert
und zaubert mit geschickter Hand,
was nicht sein soll, wird kaschiert.

Gekonnt verändert er dein Haar,
mal ist es glatt, dann wieder Locken,
du fühlst dich einfach wunderbar
und dein Mann ist von den Socken.

Dann endlich sitzt auch die Frisur
und du musst die Kunst bezahlen,
du bedankst dich für die Kur
und erleidest große Qualen.

Besuch

Gestresst kehrst du aus dem Büro
und bist darüber äußerst froh,
dass keine Arbeit dich mehr plagt,
sonst hättest du sie abgesagt.

Jetzt willst du endlich mal entspannen
und vergessen all die Pannen,
richtig einmal auszuruhen
und keinen Handschlag mehr zu tuen.

Aufs Sofa, unterm Kopf ein Kissen,
kannst du die Arbeit leicht vermissen,
ein gutes Buch in deiner Hand,
fühlst du dich im Schlaraffenland.

Wohlig rekelnd streckst du dich,
die Augenlider senken sich
und friedlich schläfst du endlich ein,
so schön kann Feierabend sein.

Den Traum zerreißt ein greller Ton,
das verdammte Telefon,
bringt dich schnell zurück ins Leben,
so sehr, dass dir die Beine beben.

Verwandte wollen heut erscheinen,
du könntest deshalb lauthals weinen.
In einer knappen Stunde schon,
kommen sie mit Hund und Sohn.

Nun ist es aus mit deiner Ruhe,
schnell springst du in deine Schuhe,
um noch etwas zu bereiten
und nimmst dir vor heut nicht zu streiten.

Erneut nimmt dich der Stress gefangen,
doch schließlich sind sie schnell gegangen,
sie aßen nichts und tranken kaum,
du kehrst zurück in deinen Traum.

Musikgenuss

Die Konzerte mit Gesang
in sehr vielen großen Städten,
sind leider manchmal viel zu lang,
durch die Interpreten.

So werden Künstler unterstützt
sehr oft von großen Chören,
dass es auch der Akustik nützt,
kann der Gast dann hören.

Stimmgewaltig oder leise,
Fortissimo – Pianoforte,
in fremder und bekannter Weise,
mit und manchmal ohne Worte.

Es trällert hier und es fiedelt da,
der Dirigent den Taktstock schwingt,
mal klingt es fern, dann wieder nah,
der Zuhörer nach Atem ringt.

Solist, Orchester und der Chor
steigern sich – dann ist es aus,
gemeinsam treten sie dann vor,
das Publikum gibt den Applaus.

Porto

Die Briefmarke ist uns bekannt
als Gebühr für den Versand,
auf Paketen, Karte, Brief,
auch überwiegend mit Motiv.

Das kunstvoll bunte Stück Papier
ist oftmals eine wahre Zier,
drum ist bei Sammlern es begehrt
und hat dabei auch seinen Wert.

Es wird zu einem Sammelstück
und des Sammlers höchstes Glück,
wenn die Marke ohne Macken
und im Vollbesitz der Zacken.

Und wenn ein Fehldruck ist entdeckt
und der Wert, der in ihm steckt,
steckst du damit alle Kraft
in die Sammelleidenschaft.

Und hast du alles gut sortiert,
was jetzt auch deine Alben ziert,
prüfst stundenlang oft jedes Bild,
wenn man dich stört, dann wirst du wild.

Denn es gibt viele Varianten,
welche nur Experten kannten,
doch fragt dich jemand nach dem Sinn:
Nur die Post macht hier Gewinn.

Zum Schluss ...

Geben ist seliger denn nehmen

Wenn ich an jemanden gern denke,
dann mach ich ihm auch mal Geschenke,
besonders an den Namenstagen,
doch solltest du ihn vorher fragen,
was er sich wünscht und auch noch braucht,
bevor er dich zusammenstaucht.

Bei Hochzeiten, besondren Festen
erhält du von den meisten Gästen
außer Blumen auch noch Geld,
weil es besonders gut gefällt,
denn es bereitet dir noch Qualen,
wie sollst du alles sonst bezahlen.

Das ganze Jahr schenkst du die Gaben,
die deine Lieben gerne haben,
denn du hast Freude stets am Schenken
und hoffst, dass sie an dich dabei auch denken,
denn niemand hat je dich bedacht,
wo doch das Schenken Freude macht.

Dann endlich wird auch dir bewusst
und es erzeugt bei dir nur Frust,
dass es nicht für alle reicht.
So fällt am Ende dir es leicht,
auch wenn die Gaben noch so klein,
du lässt das Schenken lieber sein.

Falsches Glück

Das Kleeblatt, wenn es deren vier,
vom Pferdehuf ein altes Eisen,
all diese Dinge gaukeln dir,
das Glück lässt sich so auch beweisen.

Vom Karten lesen, Pendel schwingen,
das Horoskop und Talisman,
all diese Dinge dir nur bringen,
dich näher an den Größenwahn.

Versprochen wird dir, was gefällt,
denn das Glück kann man nicht fassen
und alle wollen nur dein Geld,
drum soll man diesen Hokuspokus lassen.

Zum Geburtstag

Ich wünsche für das neue Jahr
viel Schönes, doch nicht nur in bar,
wie Ameisen – ein emsig Streben
und außerdem ein langes Leben.

Ich wünsche dir ein wenig Glück
und schaue nicht im Zorn zurück,
was dich genervt, ist fast vergessen,
als hättest du es nie besessen.

Ich wünsche dir paar nette Leute,
auch für die Zukunft – nicht nur heute,
ich wünsche dir ein fröhlich Lachen
und mache keine halben Sachen.

Ich wünsche dir, dass du wirst alt,
nur immer langsam – nicht so bald,
ich wünsch dir einen Haufen Geld,
dann bist du immer gut gestellt.

Zum Schluss wünsch ich dir alles Liebe,
dass es bei dir so alles bliebe,
ein wenig Hoffnung und auch Mut,
dann wird dein Leben schön und gut.

Bisherige Veröffentlichungen

2001	Von Fettnäpfen und anderen Wahrheiten *erschienen beim Haag & Herchen Verlag*
2002	Gedankensprünge *erschienen beim Verlag Slices of Life*
2006	Der Schnüffler, Abgründe der menschlichen Seele *erschienen beim Autorenverlag Artep*
2007	Der Schnüffler, Der falsche Prophet *erschienen beim Autorenverlag Artep*
2007	Einfach lachhaft *erschienen beim Autorenverlag Artep*
2009	Ein Wort gibt das andere *erschienen beim Rediroma Verlag*

Inhaltsverzeichnis